编委会

主　编：王蓉霞

副主编：刘　霞　　祁　鹏　　李澔铃

主　审：王东平

前　言

在中国广袤的大地上，有一条公路蜿蜒如龙，它东起四川成都，西至西藏拉萨，翻越二郎山、折多山、雀儿山等14座峰峦起伏的大山，横跨岷江、大渡河、金沙江、怒江、拉萨河等众多奔腾咆哮的大江大河，横穿龙门山、青尼洞、澜沧江、通麦等8条大断裂带，被称为“地质灾害的博物馆”；它巍然屹立于世界屋脊青藏高原上，连接祖国内地和西藏，连接着汉藏民族，这条公路便是举世闻名的川藏公路。

20世纪50年代初，党中央研究决定修筑新中国头号交通工程——川藏公路，毛泽东主席对部队作出重要指示，“一面进军，一面修路”。承接任务的中国人民解放军第十八军按照党中央的指示紧密联系群众、依靠群众，坚定不移地执行党中央的重要决策。以十八军为主力的10

贡嘎雪山（杨文苑/摄）

万多人组成的筑路大军积极响应党中央的号召，怀着对祖国的无限忠诚和对人民的热爱，在极为艰难困苦的条件下不怕困难、努力筑路。在建设过程中，建设者们面临着高原缺氧、地质复杂等诸多困难，但他们凭借着顽强的意志和坚定的信念，攻克了一个又一个难关和挑战，于1954年12月25日修筑起了川藏公路，结束了西藏没有现代公路的历史。

川藏公路建成通车后，在我国经济社会发展中发挥了重要作用。一方面，川藏公路的通车打破了川藏地区交通闭塞的局面，加强了祖国内地与西藏的联系，使货物运输更加便捷，带动了沿线经济的发展，为川藏地区的经济发展注入新的活力；另一方面，由于交通的便捷，人们的交往更加频繁、联系更加紧密，川藏公路作为纽带促进了沿线藏、汉、羌等不同民族的文化习俗、生活方式和价值观念交流、交汇、交融，引导各族人民共同铸牢中华民族共同体意识，增进了我国各民族之间的团结与友谊。

随着时代的发展变迁，川藏公路不断地改造、升级，成为时代发展的重要见证者。从1950年川藏公路修筑到后期升级、改造的几十年中，川藏公路的修筑和养护技术不断进步，诞生了无数筑路养路英雄模范、先进代表，沿线留下了无数感人事迹和见证公路发展的相关遗址遗迹。这条公路，承载了厚重的历史记忆；这条公路，凝结了无数人的心血汗水；这条公路，见证了筑路技术的发展进步；这条公路，汇聚了自然与人文的魅力；这条公路，奏响了历史与现代交织的旋律。

2014年8月6日，习近平总书记就川藏、青藏公路建成通车60周年作出重要批示，“60年来，在建设和养护公路的过程中，形成和发扬了一不怕苦、二不怕死，顽强拼搏、甘当路石，军民一家、民族团结的‘两路’精神”“新形势下，要继续弘扬‘两路’精神，养好两路，保障畅通，使川藏、青藏公路始终成为民族团结之路、西藏文明进步之路、西藏各族同胞共同富裕之路”。

2021年9月29日，党中央批准了中央宣传部梳理的第一批纳入中国共产党人精神谱系的伟大精神，“两路”精神被纳入其中。逢山开路，遇水架桥，中国特色社会主义进入新时代，“两路”精神激励着一代代交通人攻坚克难、奋勇拼搏，接续创造着一项项举世瞩目的中国奇迹。

在新时代交通强国建设背景下，本书创作团队以川藏公路为对象，运用科学文化普及的方式打造《图说川藏公路》科普图书，将川藏公路地质地貌、技术发展、精神传承、遗址遗迹、文化旅游等方面的综合知识，用“图说”的形式进行通俗化表述，兼具知识性、趣味性和可读性，立体、系统地解读川藏公路，全方位走进川藏公路，面向大众普及川藏公路的文化知识，积极传承和弘扬“两路”精神。

川藏公路行走在世界屋脊，贯穿于崇山峻岭，跨越了险江激流，是世界公路建设史上的奇迹，是中国公路交通史上的璀璨明珠，是永不褪色的精神丰碑。新时代的我们，应珍视川藏公路蕴含的宝贵价值。

让我们通过本书沿着川藏公路前行，走进这条穿梭在历史与现代之间、自然与人文之间、科技与生活之间的传奇之路，致敬筑路的艰辛，领略沿途的风景，感受独特的风情，去探索、去创造更加美好的未来！

目　录

亚拉雪山（杨文苑/摄）

第一章

地质地貌篇

来古冰川（杨文苑／摄）

一、走进“世界屋脊”青藏高原

青藏高原，被誉为“世界屋脊”，是中国地势最高的第三级阶梯，也是全球海拔最高的大高原。它的总面积约为250万平方千米，除了西南边缘部分属于印度、巴基斯坦等国，绝大部分位于中国境内。它在地形上可以分为羌塘高原、藏南谷地、柴达木盆地、祁连山地、青海高原和川藏高山峡谷区等6个部分。

青藏高原是我国地势最高的地区，它有种种神奇和壮观之处。

一是地势高、面积大。青藏高原平均海拔4 000米以上，许多高峰更是高达七八千米，雅鲁藏布江河床海拔大多超过3 000米。青藏高原不仅高，而且大，约占我国总面积的四分之一。

二是高山多。高原上有许多雄伟的山脉，构成高原的骨架。北部有昆仑山、阿尔金山、祁连山；中部有可可西里山、巴颜喀拉山、唐古拉山；南部有冈底斯山、念青唐古拉山及世界上最雄伟高大的喜马拉雅山；东部有横断山脉。

三是冰川广布。高原上的巨大山系，发育了许许多多现代冰川。

四是多条江河发源地。从高原上发源东流的有我国的长江、黄河两条大河；西流的有印度河上源狮泉河；南流的有雅鲁藏布江、怒江、澜沧江；北流的有许多内陆河。

五是湖泊星罗棋布。青藏高原是我国湖泊分布最稠密的地区。谈到中国水乡，大多数人的第一反应都是“江南”一带，但其实青藏高原同样拥有大小各异的湖泊群，可以称为“中国最大的水乡”“亚洲水塔”。因为在这里有我国面积最大的湖泊——青海湖；著名的大型湖泊——纳木措；第二大咸水湖——色林措；还有茶卡盐湖、羊卓雍措等，这些湛蓝的“眼睛”吸引了全世界游客纷至沓来。

青藏高原还以其辽阔面积和高峻地势，被世人称为“地球第三极”。横亘于高原之上的喜马拉雅山、冈底斯山、昆仑山等世界著名山脉，由南向北依次排列，东西连绵数千千米，海拔七八千米。长江、黄河、澜沧江、印度河、布拉马普特拉河等也都是从这里发源。

青藏高原的太阳辐射极其强烈，昼夜温差很大，因此，白天的天气条件非常有利于植物的光合作用，而夜里的凉爽又使植物的呼吸作用变得微弱，这样就为植物果实的干物质积累带来良好的条件。这正是世界上有些农作物的最高单位面积产量出现在青藏高原的重要原因。植物学家在高原上已发现了在世界其他地区从未见到过的新种类植物。

青藏高原这一庞然大物耸立到大气对流层之中，不仅形成了自身极其独特的自然环境，而且给邻近地区环境，甚至给全球环境带来了深刻影响。它强烈地干扰了原先的大气环流形势，形成了新的环流——东亚季风。每逢夏季，温暖湿润的太平洋季风便可以输送大量水汽到我国的东部和长江流域，从此，我国原本干旱炎热的南方变得湿润多雨，成为鱼米之乡。

青藏高原的影响还远不止于此，有科学家认为远在南太平洋上不时

珠穆朗玛峰（杨文苑 / 摄）

发生的、影响着全球气候变动的“厄尔尼诺”与“拉尼娜”现象也受到青藏高原气候变动的控制。近年来，科学家又发现除南北两极外，青藏高原上空也出现了臭氧层减薄现象。可见青藏高原在全球环境变化中的重要地位。印度洋板块对亚欧大陆的插入、挤压仍在继续，世界屋脊还处在不断运动之中。

在格尔木机场上空俯瞰青藏高原

稻城亚丁（杨文苑／摄）

汶川克枯大桥

海子山与姊妹湖（杨文苑／摄）

雅鲁藏布江（杨文苑／摄）

纳木措与圣象天门（杨文苑/摄）

二、为什么川藏公路被称为“地质灾害的博物馆”

川藏公路西藏境内沿线属典型的构造剥蚀高中山地貌，构造地貌体现为山体强烈隆升，河流深切，形成山高坡陡、地势陡峻、水流湍急的地貌景观。区域内山系集结，地势高耸，各山系主脊海拔均在5 000米以上，切割深度超过2 000米，最高海拔5 828米，最低海拔1 910米，相对高差3 918米。区域内冰川运动活跃，有跨越陡峭的高山峡谷和厚达数百米的古冰碛层和冲洪积层，地质灾害主要表现为泥石流、滑坡、坍塌、滚石、水毁以及面状碎屑流和冰雪灾害等，其分布广泛、灾种多、规模大、暴发频繁，所以被称为“地质灾害的博物馆”。

（一）泥石流灾害

川藏公路西藏境内沿线是我国泥石流灾害发生最集中、活动最频繁、规模最大、危害也最重的灾害区域。全线有各种类型的大中型泥石流沟341条。按照泥石流形成的水动力条件可分为4种类型：一是暴雨泥石流。它是夏季暴雨径流对谷坡松散固体物质进行强烈侵蚀、搅和、搬运的结果。主要分布在安久拉山以东路段及非冰川作用区内的中小流域内，业拉山至安久拉山分布数量最多，总计274条，每千米路段分布有1~2条泥石流，该路段是全线暴雨泥石流分布密度最大的路段。二是冰川泥石流。然乌—林芝地区是我国海洋性冰川的主要分布区，也是我国冰川泥石流的集中分布区。全线仅靠公路一侧就有冰川泥石流沟91条。若加上公路对岸的冰川泥石流沟，则总数有180多条。本区受印度洋孟加拉湾暖湿气流的直接影响，降水丰富，且气温较高，导致冰川积累消融强、运动速度大。有利的地质地貌条件，促使大量的冰雪融水与陡坡不稳定的松散固体物质相遇，形成冰川（积雪）融水泥石流。这类泥石流规模宏大、搬运力和破坏力极强，治理难度较大。三是混合型泥石流。主要水动力来自中低山区的暴雨径流和高山区的冰雪消融的混合洪水。灾害规模与流域面积成正比，在高温加暴雨的条件下，极易暴发此类泥石流。四是冰湖溃决泥石流。现代冰川的强烈活动，导致冰川末端的冰湖堤坝溃决，产生大量洪水，冲刷、搬运沿途沟床及谷坡松散固体物质，使之逐渐转化为泥石流。这类泥石流主要分布在然乌—墨竹工卡的现代冰川和冰湖分布的沟谷内。此类泥石流虽然分布不多，发生频率低，但危害极大。

金川县八步里泥石流沟（杨文苑/摄）

（二）滑坡灾害

川藏公路西藏境内沿线有大中小型滑坡377处，主要分布于横断山藏东南的高山峡谷路段。滑坡主要分布于边坡高陡和岩石破碎松散的峡谷路段。以通麦—东久路段分布最集中、活动最频繁、规模亦最大。该区河床纵坡大、沟谷窄深、水流湍急，强烈侧蚀山坡坡脚；受地震构造断裂活动影响明显；降水量大而集中，地下水富集而排泄不畅，引起地下水头压力增大，土体抗滑能力减弱，极易发育滑坡，如著名的通麦

1988年5月，海通沟大塌方区

102特大型滑坡群等就发生在本区域路段。此外，该区域古滑坡及潜伏性滑坡的分布也十分广泛。

（三）坍塌灾害

坍塌灾害主要是指紧靠公路内侧上的边坡风化破碎物质的坍塌。作为一个灾害点，虽然规模仅数十至数百立方米，但因数量多、分布广，因而对公路构成较大危害。全线有坍塌灾害点348处，累计直接危害公路长度42.45千米，每千米平均约为33米。坍塌严重路段为金沙江—海通沟路段、觉巴山越岭线路段、吴仲河沿溪线路段、嘎玛沟及然乌沟路段、然乌湖—松宗路段和通麦—鲁朗路段等。这些地区路段紧邻陡峻的坡脚，边坡岩层构造发育，风化强烈，岩性又多属松散层或薄层软质岩类，稳定性很差，加之降水量集中和植被稀少，极易诱发坍塌。

（四）水毁灾害

川藏公路多为沿河溪展线的路段，全线共有674处水毁灾害点，累计直接水毁长度89.5千米。水毁路段河谷狭窄，多堵塞，河床纵坡大，河床冲淤变形十分强烈，岸坡（路基下边坡）掏蚀严重，是造成水毁的主要原因；其次为部分路基标高低于洪水位或受支沟泥石流、山崩滑坡影响而堵塞河道，形成回水，使公路长期被淹没和冲刷。

（五）溜砂灾害

在干热河谷路段，由于气候干燥，陡峻山坡坡面植被差，加之不合理的人工开挖，坡面受各类风化作用，破碎的松散堆积物稳定性极差，在很小的横向风力作用下就会大量向下溜滑和滚动，堆积于公路上，不仅造成断道阻车，而且向下冲击的砾石还会打伤行人及车辆，给行车安全带来极大威胁。全线有溜砂坡22处，累计危害公路长度大于14.9千米。溜砂坡分布相对比较零散，86道班中坝溜砂灾害是活动最强、危害最大的一处溜砂坡。由于溜砂坡的高度可达数十米至几百米，因此很难进行有效治理，特别是花岗岩风化形成的溜砂坡治理难度就更大。

（六）雪崩与冰害

雪崩具有暴发突然、运动快速、崩塌量大等特点。公路沿线除有关支沟上游（4 800米以上）外，多为常年雪崩区，近公路两侧的雪崩多为季节性雪崩。按雪崩工程综合分类，可将川藏公路沿线的雪崩分为坡面雪崩、沟槽雪崩及跳跃雪崩。雪崩主要发生于大量降雪的秋冬季节和春季融雪开始时期。全线以安久拉山垭口以西的79~81道班、82~86道班内的雪崩分布最集中。其中，安久拉山西坡路段均处于高山峡谷内，两侧山坡每年都发生3~5次雪崩，路面雪崩堆积厚度可达2米。

冰害包括涎流冰和壅冰。一些常流水溪沟，在低温下逐渐结冰，对桥涵产生阻塞及冻胀作用，对其造成胀裂破坏。全线有严重冰害点63处，累计直接危害长度大于8 000米。冰害最严重的路段是吴仲河峡谷沿溪路段及东达山越岭路段，其次为安久拉山越岭路段和然乌沟峡谷路段、米拉山越岭路段等，路面结冰厚度达20~30厘米，部分路段结冰厚度超过70厘米，车辆滑溜严重，行车危险。

布加雪山（杨文苑／摄）

亚拉雪山（杨文苑/摄）

三、你听说过“晕山”吗

我们的日常生活中，有些人在乘车、船、飞机等交通工具时会出现头晕、恶心和呕吐等症状，我们通俗地叫“晕车”“晕船”“晕机”。“晕车”“晕船”的主要原因是我们人体内平衡感受器受到了刺激，这种刺激会导致身体感觉不适，出现眩晕、恶心等症状；“晕机”可能是精神紧张、前庭神经功能紊乱、前庭神经元炎等原因引起。那么，除了日常生活中常见的“晕车”“晕船”“晕机”，你听说过“晕山”吗？

（一）修筑川藏公路遇到“晕山”

在20世纪50年代修筑川藏公路（当时称“康藏公路”）期间，筑路大军中就流传着“晕山”这个词。“晕山”实际上就是高原反应的通俗说法，亦称“高原病”“高山病”，是人体急速进入海拔3 000米以上高原暴露于低压低氧环境后产生的各种不适，常见的症状有头痛、失眠、食欲减退、疲倦、呼吸困难等，是高原地区独有的常见病。1950年开始修筑的川藏公路，平均海拔超过3 000米，公路途经的川藏第一高和第一险的雀儿山更是高达6 168米。当时承担修筑川藏公路的中国人民解放军第十八军的战士们和参与修路的民工大多来自南方平原地区，大部分人都没有高海拔生活经验和体验。一般来讲，平原人快速进入海拔3 000米以上高原时，50%~75%的人都会出现程度不同的高原反应，高原反应的发病率也与上山速度、山地海拔、居住时间以及个人体质等因素相关。正因如此，筑路大军从平原跃升到高原修筑公路，首先要克服的就是高原反应，也就是战士们通俗讲的“晕山”。

茶马古道

川藏公路著名的“72拐天路”
——海拔4 618米的业拉山盘山公路

雀儿山五道班工人合影

（二）川藏公路上的雪山铁人——雀儿山五道班第十六任班长陈德华

川藏公路雀儿山垭口海拔5 050米，经过垭口不到2 000米就来到了海拔4 889米的雀儿山五道班曾经的驻地，有9位道班工人驻扎于此。60多年来，前后总计有18任班长见证了雀儿山老路风霜雨打的历史；几十年间，这个小小的道班就产生了两名全国人大代表，两名全国劳模，十多名省、部级劳模和先进。

被尊称为“老班长”的第十六任班长、全国劳模陈德华，在五道班工作了24年，是在五道班工作时间最长的人，也是在5 000多米海拔工作时间最长的公路养护人员。在这个海拔，一年大多数时间都会有雪，年平均气温零下18 ℃，冬季最严酷时候甚至会下降到零下三四十度。寸草不生的大山，含氧量只有平原地区的一半。雪可以下到半米深，风能刮到人站不稳。

在高海拔公路养护作业中，推雪或许是最辛苦的工作。负责开推土机的工人要先用炭火把底盘的机油、柴油烤化，然后把烧好的热水加到水箱里。从烧水到最后启动推土机，至少需要两个半小时。遇到雪大的时候，开推土机的工人要整夜持续作业。就算像陈德华这样1983年就参加工作、1988年就担任班长的老手，在做推雪作业时也不免紧张。

陈德华说：“推土机不像一般汽车，汽车甩尾打滑，我们的推土机直接就滑走了，哪怕不会滑下悬崖，也会滑向路边。头发都（立起来）嚓嚓作响。”

雀儿山公路被称为“川藏第一险”，特别是在高海拔路段有3处共长达4 700米的雪崩易发危险路段，6处共长达2 220米的泥石流路段，以及大量的冻土、滑坡、雪害、冰害等安全隐患严重路段，仅仅听一听过往司机为这些危险路段起的绰号，什么“老一挡”“鬼招手”“燕子窝”“老虎嘴”……就不难领略“冬过雀儿山，如过鬼门关”这句老话中蕴含的艰险。陈德华曾说，多年来无数次目睹群众因大雪或事故被困，他一直就盼望着雀儿山隧道能早一天建成通车。

如今，雀儿山隧道已经通车，最后一拨五道班工人可以下到海拔较低的路段工作。结束了60多年在海拔5 000多米路段的养路任务，尽管五道班工人心中也有不舍，但一代又一代五道班工人生活工作的驻地将建为纪念馆，会将他们的精神传承下去。

让我们向高原天路的守护者们致以崇高的敬意！

陈德华工作时穿过的藏袍

理小路（杨文苑／摄）

中药红景天

（三）如何预防和缓解高原反应

高原反应是最常见的一种高原病，分为急性和慢性两种。急性高原反应发病急，病症明显，有一定的死亡风险，但经正确处理治疗，痊愈后一般没有后遗症。慢性高原反应常见于长期居住于高原环境者，其发病慢，感觉不甚明显，但危害性更大，往往产生器官或系统性异常和损伤，且部分病症不可逆。那么，现实生活中该如何预防和缓解高原反应呢？一方面，提前服用或长期服用正规药物和保健品，会起到部分预防高原反应或缓解高原反应的作用，比如中药红景天；另一方面，在前往高原地区时要注意行前充分休息、选择合适的交通工具、避免剧烈运动、避免兴奋激动、避免受寒着凉、避免内心的恐惧、及时补充氧气等，可以最大限度地预防和缓解高原反应。

黄多强是一个在20世纪参加川藏公路建设的老职工。黄多强对参加“两路”建设的军地人员那种不畏高原缺氧和冰雪严寒、不避千难万险的艰苦奋斗精神深有体会，感到当今我们要尽快实现中华民族伟大复兴的中国梦，弘扬“两路”精神正当其时。对于用国画形式来宣传弘扬“两路”精神，黄多强首先想到松和梅都是高原常见的不畏冰雪严寒和恶劣环境的植物，它们的形象和象征的精神内涵，用来宣传和弘扬“两路”精神再恰当不过，于是黄多强便创作了《松梅颂》。

国画作品《松梅颂》——黄多强（川藏公路参建者、交通运输系统退休职工）

四、关于冻土的那些事儿

冻土是指含有冰的土壤和岩石，一般温度不超过0 ℃。根据冻结时间的长短，可以将冻土分为短时冻土、季节性冻土和多年冻土。

多年冻土是指持续冻结2年或2年以上的冻土，其下层是终年不发生融化的多年冻结层，上层是夏天融化、冬天冻结的活动层，在活动层与多年冻土之间产生不冻结的融区。活动层是多年冻土与大气间的能量交换带，而融区是地下水补排的重要通道。

据统计，全球大约70%的陆地上覆盖着冻土，多年冻土的面积约为25%。多年冻土主要分布在寒冷气候区（年平均气温低于零下2 ℃）、高纬度及高海拔地区，一般情况下，多年冻土的厚度随着海拔呈垂直分布。海拔越高，冻土的厚度越厚。

冻土是一种重要的土地资源，其融冻情况在工程建筑的安全、水文地质条件的塑造及生态环境的平衡等方面都具有重要的影响。多年冻土以及冰盖冰川等相当于地球的“冰箱”，低温让有机物质的储存时间变得更长，所以大量生物包括动物遗体、植物、微生物等被“冰封”到多年冻土里面。两极冰盖封存的东西反而少，因为很少有生物可以在极地生存，南北极地大部分区域都是无人、无生物区。可以想象，如果冻土融化，其中封存的东西将被释放出来！

（一）释放温室气体，加剧全球变暖

很多多年冻土中富含有机物（长久以来上层动植物死亡后被埋在地

底），冰冻可以减缓永冻层内的有机物分解。据估计，多年冻土中的含碳量是大气中的两倍，约为1.6万亿吨。如果温度上升，多年冻土融化，微生物将迅速分解暴露出的有机物，同时释放出二氧化碳、甲烷、一氧化氮等温室气体，加速全球气候变化。特别是甲烷，甲烷虽然在大气中含量少，且是短寿命温室气体（在大气中十年以内几乎就会被化学反应掉；相比而言，二氧化碳排放到大气，可以停留上千年），但甲烷的温室效应是二氧化碳的30倍！甲烷的大量释放可以在短期内急剧推升全球气温。

（二）破坏土地稳定性，破坏上层建筑和设施

在接近极地和中低纬度的高山区域，很多设施比如公路、房屋等都建设在多年冻土之上。据估计，全球大约350万人生活在多年冻土或邻近区域。一旦多年冻土开始部分消融，上层土地开始变得不稳定，滑坡等地质灾害必然会更加频繁，破坏建造在上的设施。

（三）释放出封存在其内的各种污染物、微生物

最近发表的一个研究表明：北半球的多年冻土储存了超过150万加仑（1加仑=4.546 092升）的汞。这个量是大气、海洋、其余土壤中全部汞含量的两倍。多年冻土的消融将导致这些汞的释放，威胁全球生物，而过去几十年，人们已经观测到了全球多年冻土在释放汞。

我国是一个冻土分布面积较为广阔的国家，冻土面积居世界第三，多年冻土约占我国陆地面积的21.5%。我国的冻土大部分集中在青藏高原，同时，青藏高原也是世界中低纬度地区面积最大、范围最广的多年冻土分布区。在过去30多年里，我国多年冻土的面积减少了18.6%，造

贡嘎雪山（杨文苑/摄）

白雪皑皑雀儿山

省道303线巴朗山垭口

成冻土面积减少的主要原因是全球气候变化和人类活动加剧造成的全球范围内气温普遍上升。在全球变暖的情况下，青藏高原的气温正在以每10年0.3 ℃的速度上升，这个速度大约是全球平均升温率的3倍，并且已经持续了50年。与俄罗斯西伯利亚、美国阿拉斯加的多年冻土性质不同，青藏高原的多年冻土大多属于高温冻土，对温度变化更加敏感。

除了对气候变化具有重要影响，青藏高原的冻土对维系青藏高原及其他区域的水文地质条件和生态环境也具有重要作用。青藏高原是许多大江大河（如黄河、长江、澜沧江）的发源地，而冻土作为寒区一种特殊的含水层，对地表水及地下水都具有一定的调节作用。青藏高原多年冻土的退化，意味着冻土层将逐渐失去隔水储水的作用，从而导致地下水流发生变化，进而使地表水体产生相应的变化：处于上游区的湖泊和

融冻泥石流使植被和土壤受到强烈破坏

湿地面积将会缩小，从而影响下游河流，而位于低处的河流等水体流量将会暂时增大；同时，冻土的融化将导致地下水水位下降，进而引起区域生态水位下降。浅根系植被将由于包气带土壤含水量的减少而出现大面积退化，最终可能导致部分区域出现沙漠化；由于冻土退化而释放出的土壤中的盐分，会诱发地表次生盐渍化发育，而且冻土退化还会引起热喀斯特普遍发育，造成逆流、滑坡等地质灾害，这些将进一步对生态环境造成破坏。

在青藏高原新建高速公路，将面临宽幅路基、厚黑沥青路面强热边界对冻土的“宽厚黑热毯”作用及大断面桥隧对冻土的强热扰动，工程灾变风险是普通公路的 3 倍以上。因此，保护冻土刻不容缓！为了保护青藏高原15万平方千米高海拔多年冻土，实现西藏与祖国内地高速公路直通，为“一带一路”南亚大通道建设，实现“交通强国”战略目标，中国的工程师们突破陈旧的冻土高速公路融沉防控理论与方法，研究了大尺度工程构筑物融沉防控、高原大温差厚层沥青路面建养等关键技术，采用“导冷”——热棒路基、“阻热”——黑色防护网遮盖工艺、XPS 隔热板路基、“调温”——通风管路基、片（块）石路基等技术手段，完全实现了冻土融沉区域降至 20 厘米以下，攻克了工程作用下冻土消融这一世界性技术难题，为进一步保护冻土、建设高原作出了突出的贡献。

青藏高原多年冻土退化引起的滑坡（暴露区可见地下冰）

救灾物资源源不断地运往灾区

小科普：

探一探青藏高原为什么能成为“亚洲水塔”

你可能会奇怪，青藏高原这么高，这么冷，怎么能成为“亚洲水塔”呢？是的，看似神秘莫测的“高冷”高原，才是亚洲真正的“水塔”。其实，能成为“水塔”，是因为青藏高原具备了得天独厚的条件。

因为在高原隆起的过程中，不断有板块相互挤压、碰撞，形成了许多断裂带，由于山间坑洼不平，这就给湖泊的形成创造了基本的条件。除此之外，青藏高原也是除南北极外，冰雪储量最大的地区，这里广泛分布着冰川（面积约为10万平方千米）、积雪（常年积雪面积约为30万平方千米）、多年冻土（面积约为130万平方千米）等固态水体。在冰雪融化和降水的加持下，这里拥有了我国最多的湖泊，占到我国湖泊总面积的一半。

第二章 技术发展篇

兴康特大桥（邵斌/摄）

一、公路是如何从成都平原爬上青藏高原的

青藏高原是中国最大、世界海拔最高的高原。青藏高原一般海拔在3 000~5 000米，平均海拔4 000米以上，东西长约2 800千米，南北宽300~1 500千米，总面积约250万平方千米。成都平原，又名“川西平原”，是由发源于川西北高原的岷江、沱江及其支流等8个冲积扇重叠连缀而成复合的冲积扇平原，总面积1.881万平方千米。成都平原地势自西北向东南倾斜，一般海拔600米左右，水渠纵横，农业发达，物产富饶，人口稠密，自古有“天府之国”的美誉。要想让公路能够从成都平原爬上青藏高原，可不是一件容易的事情，线路不但要考虑克服约3 500米的高差，还要考虑如何在山系和河流之间穿行，这就需要了解山岭公路路线选择的两种方式：河谷线和越岭线。

河谷线，又称“沿溪线”。山区公路通常需要沿河谷定线。一般河谷地形起伏较小，可利用纵坡比较平缓的河谷，减少工程量；沿河谷居民点较多，对人民生活和发展工业有利。但有的河谷十分弯曲，纵坡较大，横坡陡峻、地质不良，工程造价也很高。因此，沿河谷定线时，首先要研究地区水系分布情况，对拟通过河谷的地形、地质与水文条件作深入细致的调查研究。选择接近线路短直方向、两岸开阔顺直、地质良好、纵坡平缓的河谷；选择有利的岸测定线和有利的跨河地点；线路位

置最好设在不受洪水冲刷的河谷台地上。

越岭线，是指沿分水岭一侧山坡爬上山脊并在适当地点穿过垭口，再沿另一侧山坡下降的路线。高原山区越岭线由于连续升降坡起伏高差大、里程长，沿线地形陡峭、地势险峻，公路展线布设平纵横自由度小，限制条件和因素多。展线的合理性，布线的经济性，平纵指标的均衡性、连续性，断面形式的适宜性都将直接影响，甚至决定工程建设规模、道路抗防灾能力、公路运营安全、行车舒适度以及养护成本、运输社会效益等。因此，高原山区公路越岭展线的设计思路和原则，是公路建设的关键，不仅影响勘测设计成本、质量，而且长期影响和制约交通运输。

公路设计师们在川藏公路选线方面想了很多办法：一是“抬低压高”，寻找海拔较低的垭口，或设置隧道穿越山脊，尽量降低过岭标高，或抬高岭底线位标高以尽量减小越岭线展线相对高差，缩短展线里程，实现展线目的。二是“回头延展”，选择地形、水文、地质、气候条件较好的山体坡面，寻找相对开阔、平缓的台地和独立山头等有利位置，反复“回头”逐级展线，“之”字形升降，实现展线的目的。该思路具有展线集中、重点突出（回头位置、形式的确定）等优点，但也存在上下台重叠干扰、行车视距差、平纵指标低、安全隐患多、道路自身抗震防灾能力弱等问题，还易造成二次交通事故。川藏公路“72拐天路”就是这样的展线方式，它从海拔4 658米的业拉山顶到2 800多米的嘎玛沟，30多千米路程落差达1 800多米，因其坡陡、弯多、凶险而得名。这里环境恶劣，气候无常，地质结构复杂，自然灾害频发。三是“外包内绕”，山区越岭线展线过程中，为增加展线里程，以展线走廊各级

渡改桥

控制点为主轴，充分利用展线走廊带内突出饱满的山脊、支脉，相对开阔的深涧、溪沟，绕山脊套明沟延长路线，克服高差，实现展线的目的。四是“远引绕行”，利用横断山脉连绵群山，选择有利地势、地形绕行展线，向既定目标（垭口、制高点等）在一定范围内或上或下、或绕或避，充分利用有利地形，逐步实现展线的目的，这种展线方式既能充分利用有利地形和地势，也能通过适宜的公路展线配合和带动沿路经济发展，比如川藏公路左贡、芒康段的线路就具备这种特点。五是“螺旋展线”，随着社会经济的发展以及桥梁和隧道建设技术水平的提高，螺旋展线也得到了广泛的使用，在一定的有限空间内，通过盘旋绕行的方式克服较大的高差，从低海拔较平坦地区跃迁至高海拔较平坦地区。螺旋展线比回头展线具有线形较好，能避免路线重叠的优点，但展线多以隧道或高长桥结构物为主，所以建设成本较高。

“72拐天路”

进藏路（杨文苑/摄）

川藏公路南线从成都出发至雅安，由成都平原向盆地低丘行进，地势起伏不大。雅安至康定段进入川西高原，也是青藏高原东南低缘，特别是从雅安市天全县内翻越海拔3 437米的二郎山开始，地势陡然抬升，公路基本是越山再沿河，再越山再沿河往西挺进。通过康定之后，线路通过来回展线克服高差，翻越海拔4 290米的折多山。折多山至巴塘一线海拔4 000米左右，由东往西有剪子弯山、高尔寺山和海子山等平缓高山。巴塘往西逐渐进入金沙江东岸谷地，地宽而略低，河谷线较长。过竹巴笼大桥后，川藏线进入著名的南北纵向横断山脉三山三江地带。公路由此进入长达800千米，呈不断上升的“漕沟状地质破碎路段”，这里有风吹石头跑的怒江沟峡谷地带、有海拔5 080米坡面较为平缓的东达山、有海拔高且平坦的邦达草原。

八宿至波密路段多以河谷线沿冷曲河、帕隆藏布江展线，高程变化持续向低。在西藏波密至排龙间，雨季盛行时，肆虐的泥石流及山体滑坡令大地几乎成了“蠕动状”，著名的102大滑坡、古乡冰川泥石流、乱石滩、老虎嘴等都在这个路段。该路段路基常被水毁，所以道路难以养护，通行效率低下，被称为“14公路便道”。

从排龙到鲁朗，路线沿帕隆藏布江、拉月曲、鲁朗河前行，海拔逐

国道347线（原省道302线）阿坝至青海段

波密至排龙段的通麦大桥

渐提升，鲁朗镇海拔3 700米，是典型的高原山地草甸狭长地带，长约15千米，平均宽约1千米。两侧青山由低往高分别由灌木丛和茂密的云杉和松树组成"鲁朗林海"，之后以越岭展线的方式翻越色季拉山到达林芝，林芝到拉萨目前可以选择拉林高速公路通行，你会看到一座座桥梁跨越江河，一条条隧道穿山而过，它们不但缩短了两地之间的行车时间，而且避开了众多地质灾害易发点，为保障人民生命安全发挥了重要的作用。

获得国际桥梁大会古斯塔夫·林德撒尔金奖的雅康高速公路兴康特大桥

四川交通职业技术学院川藏公路博物馆《路魂》雕塑

二、一把老皮尺——从筑路工具演变看川藏公路技术发展

事无大小，期于利民；功无难易，贵于经久。蜿蜒于世界屋脊之上的川藏公路，原名康藏公路，是中华人民共和国成立时的头号交通工程，也是世界闻名的伟大公路。它起于原西康省省会雅安，止于西藏自治区首府拉萨，共 2 255 千米，平均海拔超过 3 000 米，是世界上起伏最大、地质灾害最严重的公路。后因西康省建制撤销，金沙江以东地区划归四川省，康藏公路遂更名为川藏公路，现以成都为起点，全长 2 412 千米。解放军指战员、工程技术人员及沿线各族人民不惧牺牲，勇于奉献，历时4年多建成了川藏公路，创造了世界公路建设史的壮美华章。

今天，当我们走进川藏公路，看到沿途迷人的风景时，你是否会想起十八军全体进藏官兵和老一代进藏工作者用鲜血和生命铸就的“一不怕苦、二不怕死，顽强拼搏、甘当路石，军民一家、民族团结”的“两路”精神?

1950年修筑的川藏公路，全长2 412千米，这个数据是当年公路勘察队利用皮尺等测量工具测量出来的。在川藏公路勘测过程中，测量人员一边依靠经纬仪测量方向，一边用皮尺沿着正确的方向一段一段地拉出最终长度。这把皮尺最长测量范围是50米，川藏公路全长2 412千米，需要拉动这把皮尺48 240次。为保证测量结果准确、减小误差，还需往返测量3次。因此，当年整个川藏公路的勘测，需要拉动皮尺测量289 440次，在这期间，勘测人员还需克服原始丛林、高山陡坡、悬崖峭壁、激流大河等诸多恶劣自然环境，让拉出的每一次皮尺都达到“平、准、稳”的标准。难以想象，当年为了川藏公路的勘测设计，技术人员翻越了200多座雪山，徒步行走了1万多千米，他们被誉为“世

早期手工测量工具——老皮尺

界屋脊上的开路先锋”。

川藏公路翻越整个横断山脉的二郎山、折多山、雀儿山等14座大山，横跨岷江、大渡河、金沙江、怒江、拉萨河等众多江河，横穿龙门山、青尼洞、澜沧江、通麦等8条大断裂带。战士们用铁锤、钢钎、铁锹和镐头劈开悬崖峭壁，穿越险川大河，在4年多的时间里，战胜种种困难。工程的巨大和艰险，在世界公路建设史上是前所未有的。在整个川藏公路的修筑过程中，3 000多名干部、战士和工人英勇捐躯，一代业绩永垂青史。

为了施工打炮眼，钢钎黏住了战士的手，铁锤打下去就会震裂战士的虎口；西南军区战斗文工团的战士高平在创作歌曲《打通雀儿山》时，钢笔里的墨水也冻得结了冰，用嘴吹一阵，才写出一两个字就又冻住了。为了增强抗寒能力，战士们每天用雪水洗脸，拿雪团搓脚。有顺口溜形容：“登上雀儿山，伸手能摸天，一步三喘气，头晕加目眩，四顾雾茫茫，风雪迷漫漫，深沟大壑多，断崖峭壁连，要想越过去，真是

早期手工筑路工具

智能化与自动化工具

甘孜藏族自治州举行国、省干线公路养护机械、车辆集中发放仪式

难！难！难！”在那些无法攀登立足的地方，战士们要搭起“人梯”上下，系上麻绳，悬空撬石打眼。山间炮声隆隆，土石方翻滚着奔腾倾泻而下，坠入深谷激流，激起一二丈高的水柱。

随着科技的不断进步，现代化机械被引入筑路工程中。这些机械包括挖掘机、装载机、压路机等。这些机械可以提供更高的精度和效率，使得道路修建更加快速和准确。此外，现代化机械还可以提供更好的安全性和舒适性，使得工人可以更加轻松地完成工作。

如今，川藏线上各路段也在建设中不断地改善提升，曾经的土路变成了柏油路，公路等级提升到了二级、一级及大件公路，大件公路的建成大大满足了大型设备的运输需求，新二郎山隧道的开通大大缩短了通行时间，高速公路的通车使得成雅两地近若咫尺。路面货载标准 720 吨以上的大件公路的建成，满足了运输核电设备和大型水电站的大件设备的需求。在此，我们可以看到三峡水电站的大转轮奔跑在新津大件公路上，一路向东而去。在面对施工中的种种世界性难题时，四川交通人积

现代化机械

极采用先进设备和技术，沉着应对，开创了在国内高原公路隧道施工中治理特大滑坡的先河，并创造了隧道洞口交接“零偏差”的奇迹。这也正是四川交通人在新辟通道中继承和发扬前辈的艰苦奋斗、顽强拼搏精神的体现。

随着智能化和自动化技术的不断发展，筑路工程也进入智能化和自动化的时代。智能化和自动化技术可以带来更高的精度和效率，使得道路修建更加快速和准确。同时，智能化和自动化技术还可以减少人工操作的风险和误差，提高道路修建的质量和可靠性。

三、探秘川藏公路上的超级工程

（一）新二郎山隧道

新二郎山隧道全长13 459米，穿越二郎山，是全国在建及通车第四长公路隧道，也是我国高海拔地区长度最长的高速公路隧道。连接雅安市天全县和甘孜藏族自治州泸定县，是成都平原进入甘孜藏族地区最长的高速公路特长隧道，被誉为“川藏第一隧”。新二郎山隧道穿越多条区域性断裂带，克服了断层破碎带、岩爆、瓦斯、大变形、高压突泥突水等地质灾害。

新二郎山隧道

由中铁十二局集团承建的新二郎山隧道康定段送风斜井、排风斜井，长度均超过1 700米，纵坡坡度约11%，斜井与新二郎山隧道交叉口距新二郎山隧道洞口4 445米，斜井口距交叉口高差约180米。建设者们采取从斜井交叉口向斜井洞口开挖施工的方案，即斜井反打，这在特长隧道斜井施工历史上尚属首次，避免了洞外3 850米斜井便道开山放炮对生态的破坏和千万立方米施工抽排水污染斜井洞口下的清洁水源，保护了约12万平方米的生态环境，可谓是“护一方生态、引清泉入流”。

新二郎山隧道于2017年9月26日实现双线贯通。新二郎山隧道建成通车后，大大改善了进入甘孜藏族地区的交通条件，其海拔比国道318线老二郎山隧道降低约700米，不再有冬季结冰带来的困扰与安全隐患。

（二）雅安—康定高速公路

雅安—康定高速公路，简称“雅康高速”，又称“雅康高速公路”。

雅康高速公路东起雅安市雨城区草坝枢纽，经过天全县、泸定县，西至康定市康定互通。雅康高速公路东接成雅高速公路，路线全长约135千米；雅安段约89千米，甘孜段约46千米，路基宽度24.5米，项目概算总投资230亿元，批复工期5年，公路全线海拔高差达到1 900米。

该项目桥隧比高达82%，是全省乃至全国桥隧比最高、施工难度最大的高速公路之一。

雅康高速公路是国家高速公路网雅安至新疆叶城联络线（国道4218线）中的一段，也是川藏高速公路的一段，还是四川省高速公路网“16·5·5”规划中5条东西横线之一康定至泸州的重要组成部分。

2018年12月31日上午8点30分，位于四川省的雅康高速公路提前9个月全线建成并试通车运营，从而结束了甘孜藏族自治州州府所在地康定市不通高速公路的历史。同时，四川省高速公路建成总里程达到7 238千米。

雅康高速公路的建成通车对于雅安乃至整个西部的道路交通路网结构完善有着重要意义。

雅康高速公路建成通车后，从成都绕城高速公路出发，3.5小时就可以到达康定市，较目前时间缩短近一半，极大地提升了甘孜藏族地区交通出行条件，为当地民众出行提供了更加方便、快捷、安全的交通出行服务。

（三）兴康特大桥

兴康特大桥是泸定县境内的一座大型桥梁，位于大渡河之上，为川藏高速公路组成部分。

兴康特大桥

兴康特大桥2014年9月1日动工建设，2018年2月6日完成主梁合龙，同年12月31日竣工通车。

兴康特大桥位于泸定县咱里村东面，东西横跨大渡河；线路全长1 411米，主跨1 100米；桥面为双向四车道高速公路，设计速度80千米/时；项目总投资10亿多元。

2019年6月11日，兴康特大桥荣获国际桥梁大会古斯塔夫·林德撒尔金奖 。

兴康特大桥桥西接海子山，桥东接二郎山；全桥上跨大渡河江面，南距下游泸定县城4千米、距泸定水电站坝址2千米、 距泸定桥5千米。

汶川克枯大桥

兴康特大桥是雅康高速公路控制性工程，其建成通车不仅弘扬了攻坚克难的“两路”精神，实现了古老大渡河上史无前例的千米级桥梁的跨越，更弘扬了精益求精的“工匠精神”，实现了建造超级工程能力的跨越。

（四）川藏线上的“彩虹桥”——汶川克枯大桥

汶川克枯大桥全长6 430米，全线采用钢桁梁结构形式，具有高地震烈度区域、高抗震能力、高节能环保、桥形美观俏丽的“三高一俏”的特点。全桥采用无模板化施工及桥梁整幅整跨吊装架设工艺，填补了国内相关技术空白，为在复杂山区地形、恶劣气候、高地震烈度等条件下建设中小跨径桥梁积累了宝贵经验。

鹧鸪山隧道

汶川克枯大桥

新二郎山隧道进口

四、盘点川藏公路上的主要科技成果及应用

从四川成都到西藏拉萨，一路上复杂的地质条件、频发的山地灾害时刻考验着川藏交通，也考验着川藏交通建设者和守护者应对地质灾害、护航川藏交通的能力。他们深入现场，采集地质地貌形态数据，通过持续的理论与实践探索，在高海拔山地灾害防治、川藏公路建设关键技术等方面，取得了多项世界领先的科技成果，为高海拔寒区公路建设奠定了坚实的基础。

国道317线雀儿山隧道是国家级重点工程，位于德格县境内，是世界上第一条海拔4 300米以上的特长公路隧道。隧道穿越川藏第一高和第一险的雀儿山，洞口海拔4 373米，全长7 079米，最大埋深700米。2002年启动方案论证和可行性研究，2012年6月开建，2017年9月建成

世界海拔最高的特长公路隧道——雀儿山隧道(雀儿山隧道获国际隧道协会2018年度工程大奖)

雀儿山隧道洞口防雪透光棚

通车，前后历时15年之久。

雀儿山隧道在设计方面创新使用了高海拔寒区隧道选线的方法以及结构抗防冻性能保证的关键技术，提出了高海拔隧道基于气象要素的选线设计理念，为高海拔寒区越岭隧道选线提供了新思路，形成了“衬砌内贴保温层和洞口防雪透光棚”综合抗防冻设计方法，提高了结构防冻抗灾能力。在安全保障方面，创新了高海拔“三低”（低气压、低氧、低温）环境下隧道作业人员健康保障体系，提出了基于海拔与人员劳动强度的高海拔隧道施工供氧标准，建立了隧道施工制氧供氧系统，解决了9%的低含氧量特长隧道独头掘进4 000米的供氧难题，开发了基于穿戴设备的人员机体健康实时监控系统，保障了施工人员安全。在施工效率方面，创新了高海拔“三低”环境下隧道作业机械效能保持应用方法，制定了适用于海拔5 000米的隧道通风计算新标准，优化了高海拔隧道轴流风机结构模式，构建了“富氧和涡轮增压”的双控组合机械效能提升方法，可提升最大效率达到87.8%，提出了特长隧道分阶段掘进通风方案，为高原寒区隧道的施工通风技术设计提供了参考。在环境保护方面，创新了高海拔隧道建造生态环境保护与利用技术，基于生态文明和绿色发展理念，研发了天然温泉循环的隧道洞内外路面冰害自防系统，形成了利用特长隧道水平气压差、寒区隧道洞内外温差和风墙式压差等自然通风与机械式通风相结合的隧道通风设计技术，减少通风能耗9.5%。

雅康高速公路新二郎山隧道于2017年9月26日实现双线贯通，成功穿越川藏高速公路第一道天险——二郎山，隧道全长13 459米，最大深埋1 500米，连接雅安市天全县和甘孜藏族自治州泸定县，是成都平原进入甘孜藏族地区最长的高速公路特长隧道，被誉为“川藏第一隧”。隧道位于Ⅷ度地震烈度区，穿越多条区域性断裂带，建设地质条件极其复杂。

通过一系列专题论证与设计、科技成果应用与示范、科技攻关，新二郎山隧道获得了诸多科技创新成果：一是创立了基于构造损伤分区的自然保护区内综合勘察技术，在保护区内长达8 300米段无法布设钻孔的情况下，准确查明了隧道工程地质，为隧道顺利施工提供了先决条件。二是首次采用超预期抗震设计理念与方法，充分考虑地震风险，活

新二郎山隧道进口

大兴互通

多功能互通

对岩互通（高月谨／摄）

四湾连接线

坪石互通

动断裂段隧道断面加大40厘米，为震后加固预留空间，实现“快速抢通、快速加固”的目标。三是首次设置了2处交通转换通道。首次采用LED动态视觉系统打造洞内景观带，实现了特长隧道洞内快速交通转换及长隧短运，提高了通行的安全性和舒适度。首次在斜井内设置高位自流水消防水池，提高了消防可靠性。四是采用生态选线理念，合理确定隧道纵轴线，338万立方米洞碴全部综合利用，实现“零弃方”。首次采用斜井全程反打技术，避免在外围保护区修建临时便道工程，实现对保护区的“零影响”。五是首次利用隧道斜井引水发电，年发电400万千瓦时，解决了隧道照明用电难题。设置自然风道，建立了以自然风为动力的辅助通风节能技术体系，实现通风节能15%，年节电约210万千瓦时。六是创新了超长距离多通道施工网络通风技术，研发了长大隧道自由测站边角精密测量控制技术工法，钻爆法施工独头掘进达7 333米，为全国之最。形成了完善的公路隧道机械化施工综合配套技术体系，确保隧道安全、快速、高效施工，建设期实现“零伤亡”。

兴康特大桥是泸定县境内的一座大型桥梁，位于大渡河之上，为川藏高速公路组成部分。兴康特大桥2014年9月1日动工建设，2018年12月31日竣工通车，线路全长1 411米，主跨1 100米，桥面为双向四车道高速公路。兴康特大桥位于大渡河深切峡谷区，构造剥蚀中高山地貌，正处于四川盆地至青藏高原爬升段，两岸边坡陡峭，桥位边坡稳定性问题成为制约桥位选择和桥梁防灾、抗灾能力的关键因素。大桥地处泸定断裂带和鲜水河断裂带之间，地震活动频繁，对建筑抗震要求极高。大桥所在峡谷地形复杂，峡底和谷顶温差以及桥位昼夜温差大，影响风场因素多，对桥梁的疲劳设计和施工安全影响大。面对困难，建设者们迎难而上、敢于尝试、勇攀高峰，取得了诸多创新性科技成果：一是国内首次将防屈曲钢支撑用作悬索桥的中央扣，以抵抗强地震。二是国内首次将波形钢腹板与混凝土顶底板的组合结构作为桥塔横梁，既能克服混凝土横梁和钢横梁在抗震方面的不足，又能简化塔柱和横梁连接构造。三是采用反向平曲线设计，将桥端左右两边的泸定隧道分离，布置在大桥隧道锚的外侧，一方面极大地减小隧道锚和公路隧道的相互影响，为山区桥隧相连悬索桥总体布置提供一条新思路；另一方面，在隧道与隧道锚之间设置横通道，既作为施工运输通道，加快施工进度，又作为投用检修通道，便于养护。四是创新边坡防护理念，将雅安岸第一排和第二排抗滑桩按“人”字形布置，采用疏导方式，可将强震产生的碎屑流沿斜向导出大桥范围，使碎屑流不危害大桥构造物。五是兴康特大桥缆绳所用的钢丝为镀锌钢丝，具有高强抗腐蚀能力。主缆是整座大桥唯一不会更换的零部件，采取特别抗腐蚀保护。主缆由上万根钢丝组成，外部用涂有防护层的钢丝

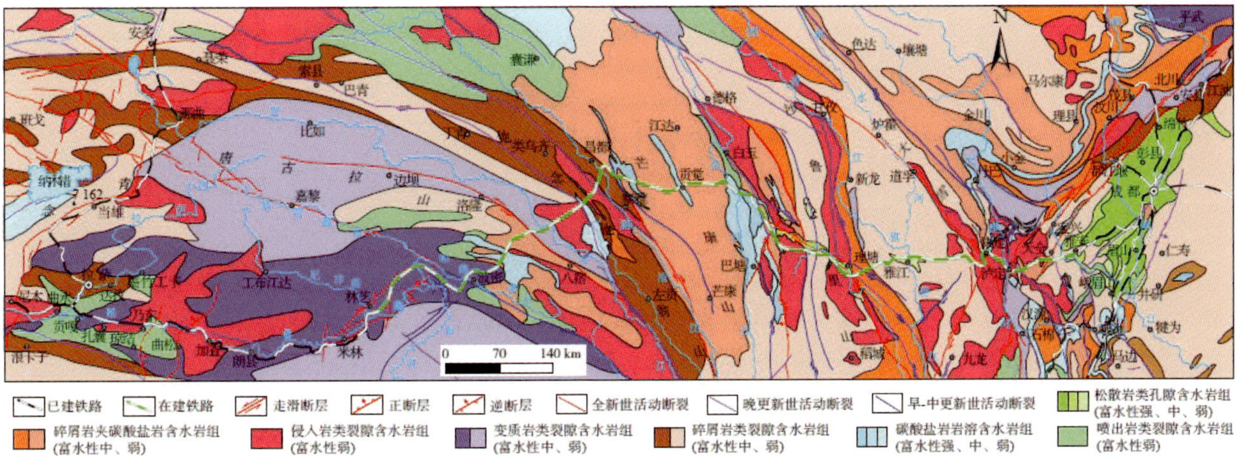

川藏交通廊道区域水文地质简图

缠绕，将上万根钢丝锁紧，形成一个密闭空间，尽量隔绝霜雪渗透。在锚碇和塔顶架设主缆的位置，设有除湿机、出气孔，不断地往主缆内部输送干燥空气，保障主缆长期不生锈。

中国科学院·水利部成都山地灾害与环境研究所等单位的科研人员，聚焦川藏交通廊道“四高”（高海拔、高地震烈度、高地质灾害风险和高生态环境脆弱性）环境条件下山地灾害防治和交通工程安全防护亟须解决的科技难题，提出了理论研究—技术研发—减灾应用—工程服务协同创新的科研模式，实现了川藏交通廊道山地灾害防治与重大工程安全防护基础理论与关键技术的突破，建立了贯通区域规律—风险评估—监测预警—综合防治链条的山地灾害防治技术体系与成套解决方案。该成果支撑川藏公路升级改造110千米和重大灾害点防治方案20处，优化川藏高速公路选线约530千米，支撑控制性灾害点防治方案70余处，在川藏铁路和川藏高速公路规划选线、工程建设中发挥了关键作用。该成果还在中巴经济走廊、中尼交通网络等青藏高原毗邻地区广泛应用，保障了“一带一路”建设，赢得了良好的国际声誉。

隧道斜井反打出洞

成雅高速公路

新川九路九寨隧道出口装配式生态挡墙（李文希 / 摄）

新川九路九寨隧道出口装配式生态挡墙（李文希 / 摄）

汶川克枯大桥

古尔沟西互通

汶川克枯大桥

国道317线马尔康段进行护栏清洗

清理小型坍方

机械化养护·坑凼维修作业

小知识：

认一认川藏公路上的交通安全设施

川藏公路上的交通安全设施属于道路的基础设施，主要包括交通标志、交通标线、防撞设施、视线诱导设施、里程标、百米标、公路界碑、隔离栅、防眩设施、桥梁防抛网等，它对减轻川藏公路行车交通事故的严重程度，排除各种纵、横向干扰，提供路侧保护和视线诱导，防止眩光对驾驶人视觉性能的伤害，改善道路景观等起着重要的作用。

若尔盖县国道213线

（一）交通标志

交通标志是用图形符号、颜色和文字向交通参与者传递特定信息，用于管理交通的设施，主要起到提示、引导、指示等作用。道路交通标志分为主标志和辅助标志两大类。主标志又分为警告标志、禁令标志、指示标志、指路标志、旅游区标志和道路施工安全标志六种。

警告标志起警告作用，警告车辆、行人注意危险地点。颜色为黄底、黑边、黑图案，形状为顶角朝上的等边三角形。这类交通标志在川藏公路最为常见。

警告标志

禁令标志起禁止某种行为的作用，是禁止或限制车辆、行人交通行为的标志。除个别标志外，颜色为白底、红圈、红杠、黑图案、图案压杠，形状为圆形、八角形、顶角朝下的等边三角形；设置在需要禁止或限制车辆、行人交通行为的路段或交叉口附近。特别注意由于川藏公路沿线交通情况复杂，道路上有很多的限高、限宽、限速的标志，大家应高度注意，遵照交通指示要求行车。

禁令标志

指示标志起指示作用，是指示车辆、行人行进的标志。颜色为蓝底、白图案，形状分为圆形、长方形和正方形；设置在需要指示车辆、行人行进的路段或交叉口附近。

指示标志

指路标志起指路作用，是传递道路方向、地点、距离等信息的标志。颜色除里程碑、百米桩外，一般为蓝底、白图案；高速公路一般为绿底、白图案，形状除地点识别标志、里程碑、分合流标志外，一般为长方形和正方形；设置在需要传递道路方向、地点、距离信息的路段或交叉口附近。

指路标志

康定至新都桥公路

旅游区标志是提供旅游景点方向、距离的标志。颜色为棕色底、白色字符图案，形状为长方形和正方形。旅游区标志又可分为指引标志和旅游符号两大类，设置在需要指示旅游景点方向、距离的路段或交叉口附近。

旅游区标志

道路施工安全标志是通告道路施工区通行的标志，用以提醒车辆驾驶人和行人注意。其中，道路施工区标志共有20种，用以通告高速公路及一般道路交通阻断、绕行等情况；设置在道路施工、养护等路段前适当位置。

（二）交通标线

交通标线的主要作用是管制和引导交通。它是由标划于路面上的各种线条、箭头、文字、立面标记、突起路标等构成的。

（三）防撞设施

防撞设施主要包括护栏、防撞筒等。护栏的主要作用是防止失控车辆越过中央分隔带或在路侧比较危险的路段冲出路基，不致发生二次事故。同时，还具有吸收能量，减轻事故车辆及人员的损伤程度，以及诱导视线的作用。护栏的形式按刚度的不同可分为柔性护栏、半刚性护栏和刚性护栏，按结构可分为缆索护栏、波形梁护栏、混凝土护栏、梁柱

新川九路九道拐段航拍

珠穆朗玛峰脚下

式钢护栏、组合式护栏等，其中波形梁护栏又分为双波和三波两种。防撞筒的主要作用是吸收能量，减轻事故车辆及人员的损伤程度，同时也有诱导视线的作用。

（四）视线诱导设施

视线诱导设施主要包括分合流标志、线形诱导标、轮廓标等，主要作用是在夜间通过对车灯光的反射，使司机能够了解前方道路的线形及走向，使其提前做好准备。分合流标志、线形诱导标的结构与交通标志相同，轮廓标主要包括附着式、柱式等形式。用于轮廓标上的逆反射材料主要包括反射器和反光膜，其中反射器有微棱镜型和玻璃珠型两种形式。

（五）里程标、百米标和公路界碑

里程标、百米标和公路界碑的主要作用是标识出道路里程和公路用地界线。

三峡水电站转轮大件运输项目——589吨（车货总重）创2003年西南地区两项纪录

清理边沟（谭友林/摄）

机械化养护施工作业

新川九路九寨隧道出口装配式生态挡墙

第三章 精神传承篇

贡嘎雪山（杨文苑/摄）

一、你知道“两路”精神吗

“两路”，是指我国的川藏公路和青藏公路，两条公路海拔高、环境恶劣、地质条件复杂，修筑难度大。“两路”精神是修筑、养护川藏、青藏公路过程中形成的“一不怕苦、二不怕死，顽强拼搏、甘当路石，军民一家、民族团结”的精神。“两路”精神作为中国共产党人精神谱系中的伟大精神之一，延续着中国共产党人的红色基因和血脉，是新中国工程建设者为了祖国雪域高原的经济和社会发展、人民生活幸福，在拼搏奋斗中形成、丰富和发展的宝贵精神财富，彰显了中国共产党人的优良品质和崇高精神。

（一）历史背景和“两路”精神的提出

20世纪50年代初，为了和平解放西藏，党中央研究决定修筑新中国头号交通工程——川藏公路，毛泽东主席对部队作出重要指示，“一面进军，一面修路”。承接任务的十八军按照党中央的指示紧密联系群众、依靠群众，坚定不移地执行党中央的重要决策。以十八军为主力的10万多人组成的筑路大军积极响应党中央的号召，在极为艰难困苦的情况下不怕困难、努力筑路，攻克了一个又一个难关和挑战，于1954年12月25日在世界屋脊青藏高原上修筑起了连接汉藏民族的“金桥”——川藏公路。在那段艰苦的筑路过程中，修路的战士和民工们面对极其恶劣的环境，喊出了“一不怕苦、二不怕死”“把五星红旗插到喜马

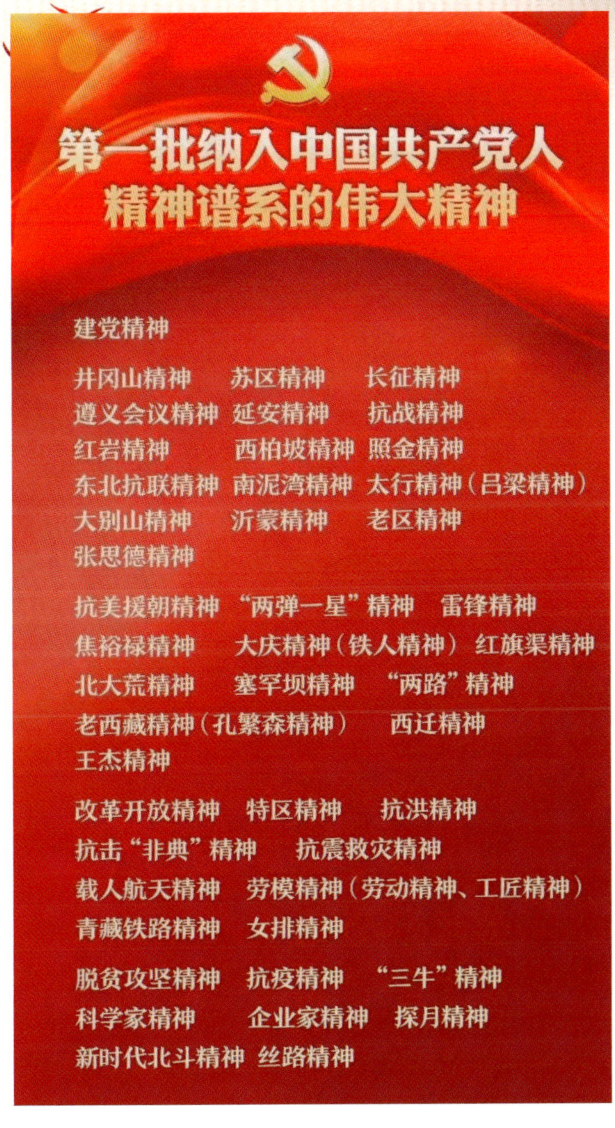

2021年9月29日，党中央批准了中央宣传部梳理的第一批纳入中国共产党人精神谱系的伟大精神，在中华人民共和国成立72周年之际予以发布

拉雅山上”等口号。“宁愿饿断肠，不食群众粮；宁愿宿帐篷，不住群众房”成为进藏官兵的铁律。

70多年来，在建设、整治和养护川藏、青藏公路过程中，四川、青海、西藏三省区的交通人秉承传统，以路为家、忠于职守，攻坚克难、勇当先锋，默默无闻地奉献青春甚至牺牲生命，保障了川藏、青藏公路的畅通。

2014年8月6日，习近平总书记在川藏、青藏公路通车60周年时作出的重要批示中首次高度概括凝练出了“两路”精神和“两路”精神内涵24个字。习近平总书记的重要批示中明确指出，“60年来，在建设和养护公路的过程中，形成和发扬了一不怕苦、二不怕死，顽强拼搏、甘当路石，军民一家、民族团结的‘两路’精神”“新形势下，要继续弘扬‘两路’精神，养好两路，保障畅通，使川藏、青藏公路始终成为民族团结之路、西藏文明进步之路、西藏各族同胞共同富裕之路”。2021年9月29日，在第一批纳入中国共产党人精神谱系的伟大精神中，“两路”精神位列其中。

（二）“两路”精神的深刻内涵

一不怕苦、二不怕死

“一不怕苦、二不怕死”的精神，与敢于斗争、不畏艰险、勇于牺牲的革命英雄主义一脉相承。“两路”精神发源的时间为20世纪50年代初，在中华人民共和国刚刚成立的历史大背景下，筑路环境的突出特征表现在两个字上：苦和险。尤其是在川藏公路北线修建中，自然环境相当恶劣，筑路军民面临着极其苦、极其险的条件。十八军某部二连官兵在筑路过程中喊出了气壮山河的铮铮誓言：“我们的战士不是神仙，而是

康藏公路（川藏公路的前身）修建司令部政委穰明德筑路时期穿过的皮衣

凡人。但我们有一不怕苦、二不怕死的革命精神。”他们不怕艰苦、不畏艰险，完成了一个又一个“不可能完成的任务”。他们在状如刀削的陡崖上悬空作业，艰苦奋战两月，终于在“飞鸟难过的皮康崖”上修出了公路。在后来青藏公路修筑、川藏公路南线修筑和“两路”养护的接续奋斗路上，哪里有艰险，哪里有困难，哪里就有“筑路人”“养路人”一不怕苦、二不怕死的英勇奋战。一代又一代中华儿女用青春、热血和生命在世界屋脊上谱写了忠诚的赞歌，这种忠诚是对自己祖国的热爱、对党和人民的热爱，正是如此，方能表现出百折不挠、自强不息的革命英雄主义，表现出不怕牺牲、不畏艰险的精神品质。

顽强拼搏、甘当路石

“顽强拼搏、甘当路石”的精神充分体现了不断进取、刻苦钻研的科学精神，与不怕吃苦、甘于奉献的担当精神一脉相承。修筑和养护世界上海拔最高、地质情况最复杂的川藏公路和青藏公路，对科学发展和技术技能水平发展要求极高。当时的筑路大军和公路建成初期的养路队在这方面没有物资基础，也没有现成经验，只能边干边摸索，大家忘我工作、默默付出、不求回报，更多体现的是艰苦奋斗、不断进取的精神。在遇到从未遇到过的技术难题时，体现的是逢山开路、遇水架桥的

战士们在状如刀削的陡崖上悬空作业

奋斗精神，实事求是、自主创新的科学精神和甘于吃苦、乐于奉献的担当精神。穰明德是当年康藏公路修建司令部政委，当他接到修筑川藏公路、进军西藏任务后，迅速由战场政委转为筑路政委。他带领踏勘队员在世界屋脊人迹罕至的路段踏勘，与筑路人员一同探讨修路过程中遇到的技术难题，一边学习一边实践，在理论与实践结合中成长为公路专家，并出版了《西南公路建设中的若干问题》《公路测量设计中若干问题的商榷》《公路施工中若干问题的商榷》等专著，为我国公路建设事业发展作出了积极贡献。穰明德政委在修建川藏公路过程中充分体现了顽强拼搏的精神和甘当路石的品质，是“两路”精神的充分展示，也是中华民族自立、自强、自信精神的传承和升华。

军民一家、民族团结

“军民一家、民族团结”与以爱国主义为核心、团结统一的伟大民族精神一脉相承。川藏、青藏公路的修筑和养护史，就是汉藏等各民族的团结奋斗史，是各族人民亲如一家、情同手足的生动写照。修筑川藏公路的十八军在接受进军西藏任务后，政委谭冠三根据党中央的重要指示，在出发前为了了解少数民族地区当地的民风民俗，更好地执行党的民族政策，先后派出调查人员到藏族地区调查了解当地的社会和政治、经济、文化、军事等各方面的情况，除了调查西藏人民的风俗习惯和宗教信仰，他还组织研究西藏方面的学者、专家到成都开会座谈，了解情况。在调查和搜集了解情况的基础上，谭冠三与十八军军长张国华一起研究制定了《进军西藏守则》，并在部队官兵中大力宣传守则内容和党的民族政策、宗教政策，通过宣传和教育加强部队官兵的政策意识，消除了因为不了解西藏情况而产生的种种顾虑，为执行党的民族政策和宗教政策奠定了很好的思想基础。川藏、青藏公路建设和养护过程中，各族人民团结一心，战胜了种种艰难险阻，含辛茹苦、不惧生死，缘于各民族兄弟姐妹对党、对祖国、对人民深沉的热爱，彰显了军民一家的优良传统，体现的是血肉相连的军民鱼水深情，是新时代铸牢中华民族共同体意识的重要体现。

支援解放军进藏的支前模范曲美巴珍

二、进军西藏，是我军历史上的第二次长征

红军长征是人类历史上一次伟大的军事行动，是中国革命史上的一个重要转折点。长征在我们党、国家、军队发展史上具有十分伟大的意义，对中华民族历史进程具有十分深远的影响。

长征时担任红军总参谋长、中华人民共和国成立后担任西南军政委员会主席的刘伯承元帅指出：“进军西藏，是我军历史上的第二次长征。”他将进军西藏比作我军历史上的第二次长征，由此可见，中华人民共和国成立之初进军西藏、修筑川藏公路的重大意义和深远影响。

（一）进军及经营西藏是我党光荣而艰苦的任务

中华人民共和国刚刚成立，1949年12月6日，毛泽东主席就率领中国代表团离开北京访问苏联。这是毛主席一生中第一次走出国门。新中国是在旧中国的废墟上建立的，百废待兴，百端待举，尽管形势如此之严峻，事务如此之繁多，毛主席日理万机，各项事务千头万绪，但是，西藏问题始终是他关心的一个重要问题。毛主席第一次走出国门，去访问列宁缔造的世界上第一个社会主义国家，对于新生的人民共和国的巩固与发展，建立中苏同盟、扩大社会主义阵营，反对侵略战争、保卫世界和平，具有极为重要的意义。毛主席在这样一个极为重要的出访活动的过程中，始终没有忘记西藏问题。出国之前，毛主席就西藏工作作了重要指示。毛主席在前往莫斯科的列车上，依然在思考西藏问题。

他途经满洲里时，用变色铅笔在一张便笺上起草了致党中央的电文，明确表示，解放西藏的问题要下决心了，“进军西藏宜早不宜迟”。

到了苏联，毛主席在与斯大林举行重要谈判的时候，依然惦记着西藏问题。1950年新年伊始，毛主席接到向他汇报解放西藏的准备情况，并提出了一些建议的电报。毛主席亲自展纸挥毫，亲笔起草致党中央的电文，指出：“西藏人口虽不多，但国际地位极重要，我们必须占领，并改造为人民民主的西藏。”并强调指出：“进军及经营西藏是我党光荣而艰苦的任务。”

（二）“第二次长征”中的“筑路三难”

进军西藏的目的是解放西藏，维护祖国统一。要解放西藏，没有通往西藏的公路是绝对不行的，进出藏的人员、物资等都需要公路运输保障，所以首先必须要把公路修到西藏去。那么，修筑到西藏的公路到底

进军西藏，是我军历史上的第二次长征。
——刘伯承

有多难呢？可以用三个难来概括：一是勘察之难。那时进藏没有地图，也没有地质资料，勘察人员翻雪山、爬悬崖、过溜索、渡沼泽，常常要从人迹罕至、鸟不飞兽不行的地方踏出一条路。二是筑路之难。川藏公路平均海拔超过3 000米，山上空气稀薄、终年积雪、昼夜温差大，没有工程机械，筑路大军只能靠人力及最原始的工具进行作业，还常伴有冰川泥石流、水毁塌方、雪崩流沙等多种地质灾害。三是运输之难。筑路过程中补给困难，大的粮荒就有三次。为解决补给问题，汽车到不了的地方，就采用空投、骡马、牦牛，甚至人背，进行物资运输，形成了地面、空中、人力、畜力接力赛，保障进藏部队需要。

（三）“万里徒步踏勘”的余炯——世界屋脊第一条公路的开路先锋

在川藏公路建设中，涌现出许许多多感人故事和杰出代表，他们是“万里徒步踏勘”的余炯、“背女出征”的张国华、“把老骨头埋在西藏”的谭冠三和“开山炮手”张福林、“支前模范”曲美巴珍等。余炯是昌都至拉萨公路段勘察队队长，1951年6月，他与工程师赵厚孝等7人，

勘察人员在艰苦的条件下野外作业

“万里徒步踏勘”的余炯

在没有地图等资料的情况下，背着糌粑、帐篷，带着罗盘、计步器等最简易的工具出发，成为世界屋脊上修公路的第一支踏勘队。他们忍冻挨饿、舍生忘死，历时1年3个月，翻越了60多座大山，徒步行程4 000多千米，提出了7条比较路线。为了能够找到昌拉段更合理的通道，一度与康藏公路修建司令部失联了4个月，所有人都以为他们已经牺牲了。当他们完成任务回到昌都时，衣衫破烂、满头长发、面黄肌瘦。他们被誉为“世界屋脊第一条公路的开路先锋”。

（四）筑路英雄——“开山炮手”张福林

川藏公路海拔最高的山是雀儿山，终年积雪不化。在雀儿山筑路中，涌现出了许多可歌可泣的英雄人物。一五九团三连炮兵班班长张福林在日记上写道：“祖国需要我，步兵变工兵。”他向工兵学习开山放炮技术，创造两炮炸掉1 000多立方米坚石的惊人纪录。1951年12月10

进藏部队翻越雪山，向太昭古城进军

日午休时刻，他照例在工地检查炮眼及装药情况。正当他聚精会神作业时，一块两立方米的石头突然滚下来砸在他身上。张福林腿被砸断，腰腹被砸出一个洞，当即痛昏过去。卫生员施救时，他说："我不行了，打针也没用，节省这一针药吧。"在他英勇牺牲后，班里的同志在整理他的遗物时发现，包袱里有五包菜种，都是他从老家带来的，张福林希望这些种子都能在西藏开花、结果、生根。1952年，西藏军区后方部队追认张福林为模范共产党员、一等功臣，并命名他生前所在炮兵班为

牺牲在雀儿山上的筑路英雄张福林

第一届张福林班全体同志在交通部授予的旗帜下合影

"张福林班"。26岁的张福林烈士长眠在雀儿山西麓，陵墓前牌坊上镌刻着"英雄永活人心"六个大字。

（五）跨越怒江天险、凿通然乌沟

经昌拉段南线后，筑路大军开始了分段施工，在东线遇到的第一个工程就是怒江天险。深谷狭长，望天一线，当地的藏族群众形容是“猴子难往上攀，野羊都不敢下山喝水”的地方，踏勘队员无法攀登测量，只能在设计图上画了7 000米的飞线，等待施工部队前来。战士们用简易的工具在悬崖峭壁上开凿公路。同时，工程技术人员找到当地的藏族群众调查研究后设计出了架设钢索吊桥来跨越怒江的方案，筑路大军顺利渡江。

筑路过程中的又一难关是然乌沟，然乌沟海拔3 000余米，悬崖高达50多米，沟底激流奔腾，战士们腰系麻绳，在石崖陡壁上悬空抡锤打炮眼。据张小康的《雪域长歌》记载，因为作业时间太长，麻绳被磨断了，有一个班的战士都掉下了怒江，献出了宝贵的生命，惨烈而悲

怒江天险上架起三座钢桥

壮。为了鼓舞士气，战士们提出了“不打通然乌沟不过春节”的口号。终于在1954年除夕24点之前，完成了该项工程。后来筑路大军又在帕隆藏布江大峡谷，苦干加巧干，日夜奋战。

1954年11月27日，川藏公路东西两线筑路大军顺利会师巴河大桥。

（六）成功会师布达拉宫

1954年12月25日，布达拉宫广场上坐满部队战士、藏族群众等各界代表3万多人。从川藏、青藏两条公路开来的350多辆汽车缓缓进入布达拉宫前的广场，送来筑路的战士、技工、民工等功臣、模范代表。人们笑容满面，欢呼雀跃。

毛泽东主席为这两条公路通车题词：“庆贺康藏、青藏两公路的通车，巩固各民族人民的团结，建设祖国！”为此，国家还发行了一组邮票，用于纪念“两路”通车。位于四川成都的四川交通职业技术学院川藏公路博物馆内，展陈了由四川著名画家辜志勇以“两路”通车邮票为灵感创作的油画，油画展示的是1954年12月25日世界屋脊上的古城拉萨终于迎来举行“康藏、青藏公路通车典礼大会”的时刻。从画中，我们可以看到藏族群众和战士们脸上洋溢着笑容，展示了军民一家的鱼水深情；藏族群众向筑路战士敬献哈达，展示了藏族群众感谢党恩的拳拳之心。

回顾这段艰难历程，曾经跟随党中央、毛主席参加过二万五千里长征的十八军军长张国华将军不无感慨地说：“进藏部队所经受的艰难困苦，真是一言难尽。进军西藏同红军北上抗日所经受的困难相比，只有过之而无不及。”参加过长征的十八军政委谭冠三将军说：“头上没有敌机，后面没有追兵，除此之外，进藏的路，比长征的路还要艰难。”谭冠三将军的夫人、曾经三过草地的老红军李光明说：“我们三次过草地，也没有这么难。”中国人民解放军横穿“世界屋脊上的屋脊”阿里高原，走过高耸入云的横断山脉，跨越横亘数千里的唐古拉山，翻越二十几座连绵不断、终年积雪的大雪山，涉过几十条寒冷的大江大河，克服千难万险，经过千辛万苦，在付出巨大牺牲之后，在藏族群众积极帮助和热烈欢迎下，终于把五星红旗插在了喜马拉雅山上。在绵延起伏的国境线上，中国人民解放军筑起了一道钢铁长城，巩固了西南国防。进军西藏的胜利，使祖国大陆最后一片土地获得解放，使西藏回到祖国大家庭的温暖怀抱。为实现祖国统一、民族团结，为保卫新生的人民共和国，中国人民解放军作出了不可替代的重大贡献。

会师布达拉宫

三、歌曲《歌唱二郎山》诞生记

“二呀么二郎山，高呀么高万丈，古树哪荒草遍山野，巨石满山冈。羊肠小道哪难行走，康藏交通被它挡那个被它挡。二呀么二郎山，哪怕你高万丈，解放军，铁打的汉，下决心，坚如钢，要把那公路修到那西藏……”歌曲《歌唱二郎山》是修筑川藏公路时期创作诞生的歌曲，由著名作曲家、指挥家时乐濛作曲，洛水作词，西南军区战斗文工团男高音歌唱家孙蘸白首唱，正式发行于1951年。这首歌唱出了二郎山的雄奇艰险，唱出了开山筑路的艰辛，更唱出了解放军和筑路人把公路修到西藏的决心和不屈不挠的意志。

（一）歌曲《歌唱二郎山》的创作背景

1949年中华人民共和国成立时，位于祖国西南的西藏尚未获得解放。美国、英国、印度等国与中国西藏地方上层反动势力相勾结，妄图把西藏从中国分裂出去。为尽快解放西藏，毛泽东主席指示：“一面进军，一面修路。”刘伯承指出：“要保证和平解放西藏，关键问题是交通运输，从某种意义来说，修路、运输比打仗还重要。”1950年3月，按照党中央的指示，中国人民解放军第十八军在四川乐山召开进军西藏誓师大会，拉开了解放西藏、修筑川藏公路的序幕。

修筑川藏公路的条件极为艰苦，要翻越整个横断山脉的二郎山、折多山、雀儿山等14座大山，横跨岷江、大渡河、金沙江、怒江、拉萨河等众多江河，横穿龙门山、青尼洞、澜沧江、通麦等8条大断裂带。其中，二郎山是筑路大军修筑川藏公路遇到的第一座大山，是连接川藏交通线上14座大山的起点山；川藏公路二郎山路段，是川藏公路全线三大最为艰巨的工程之一。二郎山，地处四川盆地西部，位于雅安市和甘孜藏族自治州交界处，山顶海拔3 437米，公路越经山口的海拔为2 980米。二郎山自古山陡水险，古道斗折蛇行，骡马也无用武之地，只有靠人手脚并用，方能攀援通过。山上气候恶劣，终年飞雪，空气稀薄，素有川藏线上“鬼门关”之称。这里有羊肠小道、悬崖巨石、冰雪、浓雾、烂泥、流沙、塌方……这些因素使得此地危险重重。

1947年，国画大师张大千先生行至西康时，为二郎山风貌神韵所震撼，作国画《二郎山》，并题诗道：“横绝二郎山，高与碧天齐。虎豹窥阊阖，猿猱让路蹊。”

1950年，筑路大军把公路修到二郎山，当时施工期正值夏季，雨水很多。二郎山的旧公路是国民党时期修建的，已经千疮百孔、荒草丛生，路面只有1米多宽，无法行车。后经工兵20多天奋力抢修，勉强能

1950年，筑路大军修筑老二郎山路段

筑路大军在二郎山艰苦卓绝的条件下努力筑路

通车，但随着6月雨季的到来，路段又被严重的塌方及山洪阻断。前方的物资供应面临着极大的困难和威胁。尽快抢通公路成为当务之急，需要大批的人员投入。在这种情况下，十八军五十四师党委决定把抢修二郎山险段的任务交给正在川西参加剿匪的一六二团。一六二团是十八军中第一个投身筑路的步兵团，自成立以来一路南下、屡建战功。刚听到要去修路时，有的战士还想不通：怎么一下子拿枪的手就要换成拿铁锹、十字镐？战场打仗的对象也要换成泥巴和石头？战士们从思想感情上一时间转不过弯来。经过反复学习党中央和上级的有关指示，领会进藏的伟大意义与修筑公路的重要性和急迫性，战士们想通了：今天能够和泥巴、石头“打”起来，正是长年流血牺牲奋斗来的！因此，应该而且必须把战场上的拼劲儿拿到劳动中去。二郎山的山体地质结构复杂，有的是石岩路段，坚硬难攻；有的是泥沙混合，稀泥遍地。人在作业时常常满身沾泥，大家戏称自己穿的是“呢子军装”。十八军指战员以“让高山低头，叫河水让路”的大无畏精神，开山凿路，以每千米牺牲7人的巨大代价，在二郎山悬崖峭壁上凿出了一条60多千米的“天路”。川藏公路二郎山路段建成通车，书写了中国公路建设史上的一段不朽传奇，创造了世界筑路史上的奇迹。

（二）歌曲《歌唱二郎山》的创作经过

1951年夏天，西南军区战斗文工团在副政委魏风的率领下，到二郎山一带慰问筑路部队。路途中，男高音歌唱家孙蘸白忽然想起由时乐濛作曲的大合唱《千里跃进大别山》中的歌词，情不自禁地哼唱起来。孙蘸白边唱边想，如果把这首曲子填上修筑川藏公路的内容，一定会受到筑路官兵的欢迎。于是，他把自己的想法告诉了魏风。魏风一听，觉得这是个好主意，立即把作词的任务交给了洛水，把作曲的任务交给了时乐濛。洛水和时乐濛欣然接受了任务，投入创作之中。他们在二郎山筑路一线采风，目睹了一六二团舍生忘死努力筑路的英勇事迹，被二郎山筑路官兵的精神感动，于是脍炙人口的歌曲《歌唱二郎山》便诞生了。

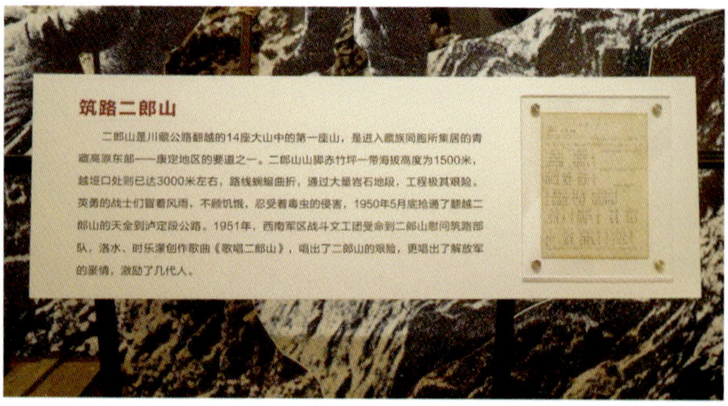

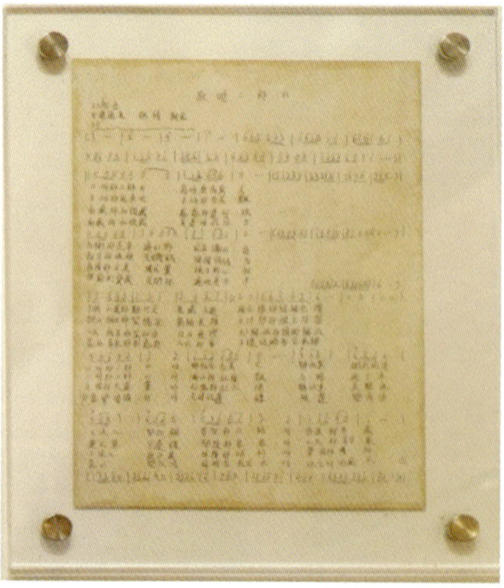

歌曲《歌唱二郎山》手抄简谱

1998年贯通的老二郎山隧道

（三）歌曲《歌唱二郎山》鉴赏

歌曲《歌唱二郎山》自20世纪50年代初诞生至今，一直盛传不衰，其旋律优美，歌词激昂，如生命与意志的迸发、时代与重任的交响，回响于高原，风靡在全国。1952年，该曲还荣获了全军文艺创作一等奖。尤其是在修筑川藏公路期间，《歌唱二郎山》唱出了十八军筑路官兵在艰苦卓绝的条件下，顽强拼搏、不畏艰险的革命斗志，激起了全国各族人民建设社会主义新中国的劳动热情，影响广泛。歌曲讲述了在修建川藏公路那段艰苦卓绝的筑路岁月里，筑路军民克服高原缺氧、战胜物资供应短缺等各种困难，在青藏高原上凿艰越险，不断向世界屋脊更高处挺进的感人事迹，歌颂了筑路军民在艰苦卓绝的劳动中展示出来的顽强、乐观的精神风貌。歌曲曲调以河南民间音乐形态为基础，整首歌曲曲风悠扬、朴素，歌词表达乐观、豁达，采用二段体的形式写成，前奏采用河南豫剧慢板过门，歌曲的主题乐句“二呀么二郎山，高呀么高万丈”在作品中反复出现，极富艺术感染力，让人听起来回味无穷，催人奋进！

2021年航拍的老二郎山路段

建设中的新二郎山隧道

2017年贯通的新二郎山隧道

四、在雀儿山上的筑路生活

雀儿山位于甘孜藏族自治州，因其独特的地理位置和丰富的自然资源，成为登山爱好者和摄影爱好者的天堂。雀儿山的山体雄伟壮观，山峰尖锐，山脊如刀削斧劈，形态各异。山上覆盖着厚厚的积雪，在阳光照射下熠熠生辉，美丽动人。然而，雀儿山的攀登并不容易，需要有足够的体力和耐力，山上的气候变化无常，风大雪大，给登山者带来了很大的挑战。可想而知当年筑路官兵的生活、修路是多么困难。为了实现1952年打通到达昌都的目标，筑路部队仍在冬季上山，战士们整天在冰冷刺骨的泥水中作业，寒冷缺氧，极度疲劳，不少人因此生病，全身浮肿，但仍谈笑风生地拿起快板唱道：“要想汽车开上山，我们就要能上天。”

高原地区气压较低，是因为海拔增加、空气稀薄导致的。水的沸点受气压影响，气压越高，沸点越高；相反，气压越低，沸点也会随之降低。因此，在高原地区，气压的降低，会导致水的沸点低于100 ℃。当年雀儿山筑路段位于5 000多米的高地，水在70 ℃就会开始沸腾，这给当时人们的生活带来了诸多不便，许多食物无法煮熟，但战士们仍风趣地形容雀儿山上的筑路生活：“住地是5 000米高度，睡觉是斜坡30度，开水是沸点70 ℃，气温是寒暑表零下不够度，我们的热血沸腾到了100 ℃，智慧和力量没限度。”

战士们在雀儿山上清除积雪

陈德华和工友在雀儿山路段养护作业

色达的养护工人正在工作

甘孜县茶扎乡银多村通村公路

小故事：读一读川藏公路上的人和事

1950年3月，中国人民解放军第十八军在四川乐山召开进军西藏誓师大会，张国华军长背着一个3岁多的小女孩进入会场，这个天真可爱的孩子就是张国华的女儿张小难。军长背着女儿到誓师大会会场就是要让全军将士知道：我张国华“背女出征”，坚决进藏，义无反顾。在军长的感召下，大家纷纷向党支部递交请战书，立志誓死解放西藏。

进藏前的一天晚上，张国华正在主持召开会议，警卫员报告张国华，您女儿病了，高烧不退，嘴里不停喊着“爸爸……”。张国华犹豫

十八军军长张国华

片刻说："我抽不出身，你们去照顾一下。"会议又继续进行到深夜。

张小难患的是急性肺炎，注射过一支盘尼西林却没有好转。那时中华人民共和国刚刚成立，各项事业百废待兴，进藏物资供应困难，支援进藏的药品极度紧缺。在医生准备继续注射特别稀缺的盘尼西林时，张小难的母亲不允许，她对医生说："留给其他战士，他们更需要。"当张国华开完会赶往医院时，张小难已经手脚冰凉，永远闭上了眼睛。这一年，张小难3岁，她是十八军进军西藏路上的第一个牺牲者。张小难的母亲哭得撕心裂肺，令人肝肠寸断。张国华的心阵阵绞痛，有一种被抽空的感觉。对张小难，他有太多的愧疚。张国华强忍着悲痛，咽下苦涩的泪水。

随后，张国华根据党中央和平解放西藏的方针，一面进军，一面修路。一路上，攀越高山峻岭，穿越原始森林，跨过草原沼泽，风雨兼程，爬冰卧雪，战胜恶劣气候，把鲜艳的五星红旗插上了世界屋脊！

在野外艰苦环境中手工绘图

艰苦的筑路场景

艰苦的筑路场景

修筑公路的战士们正在打炮眼

西藏职业技术学院内（原八一农场所在地）谭冠三同志之墓

第四章

遗址遗迹篇

古格王朝（杨文苑／摄）

一、穿越回古代川藏路

古代川藏路，又称“川藏茶马古道”，是一条历史悠久的贸易通道，唐代时，它是中国古代西南地区进行经济文化交流的重要通道，对于促进西南地区的经济发展和民族融合具有重要意义。

（一）古代川藏路的形成

古代川藏路的形成与茶马互市密切相关。茶马互市是中国西部历史上汉藏民族间一种传统的以官茶换取西藏等地少数民族群众马匹的政策和贸易制度。茶马互市是内地与边疆地区商业贸易的主要形式。古代川藏路就是在这样的背景下形成的。

（二）古代川藏路的路线

古代川藏路的路线主要分为南线和北线两条。南线起点为四川成都，经过雅安、康定、理塘、巴塘、昌都等地，最终到达拉萨。北线起点为四川阿坝，经过松潘、红原、石渠、德格、江达等地，最终到达拉萨。这两条线路在昌都汇合，形成了完整的古代川藏路。

1. 南线

南线是古代川藏路的主要路线，全长2 140千米。南线的前半段与现在的国道318线基本相同，从成都出发，经过雅安，进入甘孜藏族自治州。在康定，古代川藏路又分为南北两线，南线沿折多山、理塘、巴塘、昌都，最终到达拉萨；北线沿塔公草原、丹巴、炉霍、甘孜，最终

修筑川藏公路前的进藏通道

到达拉萨。南线沿途风光秀丽，地形复杂，气候多变，是古代川藏路上最具挑战性的一段。

2. 北线

北线是古代川藏路的辅助路线，全长1 700千米。北线的前半段与现在的国道317线基本相同，从阿坝出发，经过松潘、红原、石渠，进入德格。在德格，古代川藏路又分为南北两线，南线沿江达、八宿、波密、林芝，最终到达拉萨；北线沿白玉、昌都，最终到达拉萨。北线沿途地势较为平缓，气候较为温和，是古代川藏路上较为容易通行的一段。

（三）古代川藏路的历史意义

1. 经济意义

古代川藏路是茶马互市的主要通道，对于促进西南地区的茶叶生产、马匹贸易和手工业发展具有重要意义。这种贸易往来不仅促进了西南地区的经济发展，还为中央政府提供了丰厚的财政收入。

2. 文化意义

古代川藏路是西南地区与西藏进行文化交流的重要通道。通过古代

体积：590X420X620
重量：15 公斤
数量：1 件
生产日期：

修筑川藏公路前的进藏通道

荒野茫茫的青藏高原

川藏路，汉藏民族的文化相互交流、融合，形成了多元化的文化景观。

3.政治意义

通过古代川藏路，中央政府可以加强对西南地区的军事控制和经济管理，维护国家的统一和稳定。同时，古代川藏路也是中央政府对外展示国家实力和威望的重要途径。通过古代川藏路，中央政府可以展示中国的富饶和强大，提高国家的国际地位和影响力。

（四）古代川藏路的保护和开发

随着现代交通的发展，古代川藏路逐渐失去了原有的功能和价值。然而，古代川藏路作为一条具有重要历史意义的文化遗产，仍然值得我们加以保护和开发。

1.保护

为了保护古代川藏路的文化遗产，政府和相关部门应加大对古代川藏路沿线的历史遗迹、古建筑、民间艺术等方面的保护力度。对于已经受到破坏的历史遗迹和古建筑，应尽快进行修复和重建；对于尚未受到破坏的历史遗迹和古建筑，应加强管理和监督，防止其受到破坏。

2. 开发

在保护古代川藏路的基础上，我们还应积极开发古代川藏路的文化资源，将其打造成为一条具有旅游价值的历史文化走廊。通过开发古代川藏路的旅游资源，我们可以让更多的人了解和认识古代川藏路的历史和文化，提高人们的文化素养和民族自豪感。

用橡皮舟运送物资渡江

（五）古代川藏路上的人文景观

古代川藏路上的人文景观丰富多样，既有壮丽的自然风光，也有深厚的历史文化底蕴。以下是一些具有代表性的人文景观地点。

1.康定

康定是古代川藏路上的一个重要驿站，被誉为“高原明珠”。康定古城保留了许多具有历史特色的建筑和街道，如康定情歌广场、康定大桥等。此外，康定还是著名的藏族歌舞之乡，每年都会举行盛大的藏族歌舞表演活动。

2.理塘

理塘是古代川藏路上的一个重要城市，被誉为“世界屋脊的门户”。理塘古城保留了许多具有历史特色的建筑和街道，如理塘古城城墙、理塘古城民居等。此外，理塘还是著名的藏族牧区，每年都会举行盛大的藏族牧民节活动。

3.昌都

昌都是古代川藏路上的一个重要城市，被誉为“西藏的门户”。昌都古城保留了许多具有历史特色的建筑和街道，如昌都古城城墙、昌都古城民居等。此外，昌都还是著名的藏族文化中心，拥有丰富的藏族文化遗产和民间艺术。

4.拉萨

拉萨是古代川藏路上的终点站，也是西藏的政治、经济、文化中心。拉萨拥有许多著名的人文景观，如布达拉宫、大昭寺、罗布林卡等。这些人文景观不仅是西藏的象征，也是中国古代建筑艺术的瑰宝。

（六）古代川藏路上的民俗风情

古代川藏路上的民俗风情丰富多彩，既有独特的宗教信仰，也有独特的生活方式和民间艺术。

1.藏族信仰

藏族群众信仰佛教和本教两种宗教。佛教是藏族群众的主要信仰，对藏族文化产生了深远的影响。本教是藏族群众的传统信仰，主要崇拜自然神祇和祖先神祇。在古代川藏路上的寺庙和村落，我们可以看到许多藏族群众的宗教活动和仪式。

2.藏族生活

藏族群众的生活方式独特且富有特色。他们居住在高原上的帐篷或木屋中，以牧业为主业。藏族群众的饮食以青稞酒、酥油茶、糌粑等为主；服饰以长袍、长靴、头巾等为主；娱乐活动以唱歌、跳舞、射箭等

由古代川藏路向昌都挺进的部队

国道317线理县段（杨文苑／摄）

为主。在古代川藏路上的村落和城市，我们可以感受到藏族群众的独特的生活方式和民俗风情。

3.藏族艺术

藏族艺术包括绘画、雕刻、舞蹈、音乐等多种形式。其中，最具代表性的是唐卡和藏族舞蹈。唐卡是一种具有浓厚宗教色彩的绘画艺术，主要用于描绘佛教故事和神话传说；藏族舞蹈是一种具有浓厚民族特色的舞蹈艺术，主要用于表达藏族群众的情感和信仰。在古代川藏路上的寺庙和村落，我们可以欣赏到许多精美的唐卡和优美的藏族舞蹈。

二、川藏公路是康藏公路吗

中华人民共和国成立后，为妥善解决西藏问题，中共中央、中央人民政府作出进军西藏、和平解放西藏、修筑川藏公路等一系列重大战略部署。

1950年初，毛泽东主席发出号令："一面进军，一面修路。"中国人民解放军第十八军奉命进军西藏，在四川乐山誓师出征，挺进高原。

康藏公路于1950年4月13日在雅安金鸡关动工，历时4年多，于1954年12月25日通车拉萨，全长2 255千米。康藏公路途经康定、新都桥、昌都、八宿，止于拉萨，它的建成结束了西藏没有现代公路的历史。雅安曾经是西康省的省会，1955年，西康撤省，康藏公路改称"川藏公路"，全长2 412千米。

在深山峡谷中艰难勘寻路线

冒险在悬崖上勘测寻路

在荒莽高原上探路

川藏公路是一条用血肉筑成的“天路”，它东起成都，翻越14座高山峻岭，横跨众多江河，横穿8条大断裂带，将祖国内地与雪域高原联通，结束了西藏不通现代公路的历史，创造了世界公路建设史上的奇迹，开启了汉藏民族和谐共融新纪元。

如今，川藏公路依然是进出西藏的重要通道之一，从成都经雅安、康定，在新都桥分为南北两线：南线经雅江、理塘、巴塘，进入西藏芒康，再经八宿、波密、林芝，到达拉萨；北线经甘孜、德格，进入西藏昌都、丁青、那曲，到达拉萨。南线总长2 146千米，途经海拔4 700米的理塘；北线全长2 412千米，沿途最高点是海拔6 168米的雀儿山。南北两线间有昌都到邦达的公路相连。南线因路途短且海拔低，所以由川藏公路进藏多行南线。沿川藏公路进藏，进藏途中从东到西依次翻越二郎山、折多山、雀儿山等14座海拔在3 000米以上的险峻高山，横跨岷江、大渡河、金沙江、怒江、拉萨河等汹涌湍急的江河，横穿龙门山、青尼洞、澜沧江、通麦等8条大断裂带，路途艰辛且多危险，但一路景色壮丽，有雪山、原始森林、草原、冰川、峡谷和大江大河。

从茶马古道到川藏公路到川藏高速公路，锤凿开山的时代已然过去，而“两路”精神作为四川交通人强大的精神动力，落地生根，传承弘扬。四川交通人也会将这浴血奋战、顽强拼搏的精神实践到建设交通强国的新征程中，紧握兴国之要，夯实强国之基，奋力实现中华民族伟大复兴的中国梦！

战士们在怒江岸边的悬崖峭壁上开凿公路

泸定大渡河桥

巴塘竹巴笼大桥

德格印经院木刻印版

色达（杨文苑/摄）

木雅大寺（杨文苑/摄）

三、川藏公路修筑养护遗址遗迹详解

（一）飞仙关桥

飞仙关桥位于国道318线K2648+533处，1950年11月正式动工，1951年5月15日竣工，同年6月1日正式通车，是川藏公路上成都到拉萨的第一座桥。该桥为钢桁加劲梁悬索桥，结构完好，全长163.8米，宽4.5米，单孔最大跨径76.6米，索塔为钢筋混凝土门式框架，高29米。桥柱横额上有刘伯承元帅题写的桥名“飞仙关桥”，字体苍劲有力。西岸塔柱有时任十八军政委谭冠三题写的楹联。东岸塔柱上有时任西康省人民政府主席廖志高题写的楹联。飞仙关桥是川藏公路上一座载入我国桥梁史册的重要桥梁，是当时全国较为少见的“三跨连续钢桁加劲梁悬索桥”，使用的材料都是就近取材的国产产品，是中华人民共和国成立后道路桥梁专家们引以为豪的国产大桥杰作。它为和平解放西藏、促进少数民族地区及桥梁所在地的经济文化发展发挥了重要的作用。

（二）梅子坡公路养护管理站

梅子坡公路养护管理站是川藏线上原梅岭道班，距离天全县城3千米。建于20世纪50年代，是川藏公路二郎山路段服务时间最长的养护站，虽经多次维护修缮，但依然维持着50年代的建筑风貌，养护站现有3名养护工人。他们从父辈手中接过养护接力棒，已在此工作40年左右，“晴天一身灰，雨天一身泥”，一代又一代养护工人久久为功，驰而不息，

天全县梅子坡公路养护管理站（原梅岭道班）

接力养护着川藏公路，在平凡的工作中成就了不平凡的事业。

（三）仙人桥

1950年，时任康藏公路修建司令部政委穰明德亲赴仙人桥建设工地，指导桥梁建设。据史料记载，在抢修仙人桥时，如何把30吨重的根基钢架拉上去成了难题。遇到难事，善于找群众商量的穰明德带着酒和花生米，找到了三位有经验的技术工人吃饭聊天，请他们为架设钢桥出主意。工人们被穰明德认真负责的工作态度和亲民作风所感动，当即热烈讨论，商量出可行的方案，终于把仙人桥建成。仙人桥的主体钢架结构如今依然屹立在水流湍急的峡谷间，诉说着川藏线上军民一心、共克难关的佳话。

飞仙关桥

（四）二郎山

海拔3 437米的二郎山，是川藏公路上从成都平原到青藏高原的第一天险，这里以地质复杂、气候恶劣为世人所知。国画大师张大千曾题诗道："横绝二郎山，高与碧天齐。虎豹窥阊阖，猿猱让路蹊。"其陡峭险峻可见一斑。

修筑川藏公路二郎山路段时，筑路军民面对高原缺氧、冰雪封山、地灾频发的威胁，在既无大型机械装备，又无充分后勤保障的情况下，用铁锤、钢钎、铁锹和镐头等原始工具，硬生生地凿开了悬崖峭壁，使天堑变为通途。

"二呀么二郎山，高呀么高万丈……"这首当年红遍大江南北的《歌唱二郎山》今天依然传唱在神州大地上。2001年，海拔2 200米的新二郎山隧道全面建成通车后，隧道以上的近30千米老路段基本无车辆通行，未经改造提升，比较完整地保留了当年的风貌。2018年12月，天全县将境内从龙胆溪到二郎山顶与泸定县交界处的盘山老川藏线列为县级文物保护单位。

（五）泸定大渡河桥

泸定大渡河桥位于国道318线K2798+600处。1969年，四川省交通厅经交通部批准，在泸定县泸桥镇白日坝村、船头村架设跨越大渡河的公路桥，该桥被列入1970年国防公路动员工程计划，代号为"07039工程"，又被称为"07039大桥"。该桥于1971年6月1日建成通车，结构为钢筋混凝土双曲拱桥，全长136.9米，桥面宽7.5米，单孔最大跨径110米，是当时四川省内单孔跨径最大的钢筋混凝土双曲拱桥。

泸定桥于清康熙四十五年（1706年）建成

（六）雀儿山

雀儿山位于青藏高原东南部，海拔6 168米，是川藏公路北线上的最高峰。雀儿山路段位于国道317线K863+100—K892+000处，建成于1952年1月，全长约30千米。

在雀儿山上，5分钟的时间里天气可以变化两三次。在山上施工的战士们，每人平均都病了五六次，大多数都是感冒转成肺炎。在这样恶劣的条件下，不仅没有人喊苦、没有人叫累，反而像锤大石、填炸药等重体力活，战士们都争着抢着去做，每个人都想为修筑川藏公路多出一份力。脚下踩着世界屋脊，收起武器拿起工具的十八军战士们，充分表现出中华民族不畏艰险、勇往直前的精神品质。

随着2017年9月世界上海拔最高的特长公路隧道——雀儿山隧道通

车，开车10分钟就可以穿过雀儿山，人们再也不用翻越海拔5 050米的雀儿山老路垭口。但直到今天，蜿蜒于雪海白浪中的雀儿山老路，依然熠熠生辉。

（七）张福林烈士陵园

张福林烈士陵园原址位于雀儿山南麓国道317线K899+500处。2016年2月，四川省交通运输厅与甘孜藏族自治州人民政府征求张福林烈士亲属意见后，将陵园迁至相邻的雀儿山十八军红色教育基地。2020年7月16日，十八军进藏烈士张福林衣冠冢安放仪式在雀儿山十八军红色教育基地举行。

青山埋忠骨，史册载功勋。张福林烈士生前既是光荣的战斗英雄，也是坚毅的筑路勇士。从解放战争的战场转战到建设川藏公路的战场，他无私无畏的奉献精神诠释着中华民族不屈的脊梁，是最闪亮的历史坐标和不朽的丰碑。

川藏铁路成雅段

张福林烈士雕像

四、从邮票上看川藏公路变迁

《歌唱二郎山》创作于1951年，是一首歌唱修筑川藏公路的解放军官兵的战歌。时间流转，为纪念“两路”通车，2019年8月10日，中国邮政发行《川藏青藏公路建成通车六十五周年》邮票，该套邮票1套2枚，图案名称分别为：川藏公路、青藏公路，全套邮票面值为2元。

（一）高原天堑变通途

1954年，川藏、青藏公路同时通车。当年，10万多军民在极其艰苦的条件下团结奋斗，创造了世界公路建设史上的奇迹，结束了西藏没有现代公路的历史。在建设和养护公路的过程中，形成和发扬了“一不怕苦、二不怕死，顽强拼搏、甘当路石，军民一家、民族团结”的“两路”精神。

川藏公路的四川雅安至西藏拉萨段原名为康藏公路，后以成都为起点，改为川藏公路。沿途翻越二郎山、折多山、雀儿山等高山峻岭，横

《川藏青藏公路建成通车六十五周年》邮票

跨岷江、大渡河、金沙江、怒江、拉萨河等激流，横穿龙门山、青尼洞、澜沧江、通麦等大断裂带。

《川藏青藏公路建成通车六十五周年》邮票设计采用电脑插画的手法，第一图展现了被誉为“川藏第一桥”的兴康特大桥，一旁为养护工人雕塑，寓意养护工人在极为艰苦的条件下奋勇拼搏，以实际行动践行“两路”精神，不断铸就交通建设新丰碑。

在高原上筑路不仅是对生命禁区的挑战，更是对修路技术、建桥能力的考验。该套邮票第一图所展示的“川藏第一桥”兴康特大桥从2014年开工建设，历时4年，2018年10月1日顺利完成桥面铺设，具备了通车能力。建设者们克服超大跨径、高海拔、高地震烈度、复杂风场环境等重重困难，创造了多个第一和首次：在建川藏第一大跨径钢桁梁悬索桥，主跨达1 100米；在建世界第一长隧道式锚碇，雅安岸隧道式锚碇长159米；国内首次在高海拔峡谷地区、复杂强劲风场条件下采用缆索吊装系统架设千米级钢桁梁……建成后，对构建川藏经济走廊，促进藏族地区经济、社会跨越发展和长治久安等具有重要意义。

早在1956年中国邮政就发行了特14《康藏青藏公路》邮票。该套邮票包括“公路图和运输队”“大渡河钢索吊桥”“庆祝公路通车”三枚，其中“大渡河钢索吊桥”画面为康藏公路上的大渡河钢索吊桥。1935年，中国工农红军长征途中曾强渡安顺场渡口夺取大渡河铁索桥，修筑康藏公路时，在大渡河上修筑了这座钢索吊桥，从此，天堑通途，往来便利。画面为竖版，远景处理方式，天高水远表现环境险要，一桥飞架充分证明筑路人的勇气和技能。

《康藏青藏公路》邮票

如今，走在川藏公路上，沿线可见钢索吊桥、水泥钢架桥、钢筋混凝土悬索桥等各种新老桥梁。这些桥梁跨越山川和河流，是川藏线上的咽喉要道，也成为一道道风景。70多年来，川藏公路及其沿途桥梁不断升级，成为我国公路交通发展的一个缩影。

（二）世界屋脊写奇迹

唐古拉山口是青藏公路的必经之地，也是气候最为变幻莫测的险关要道。号称“天下第一道班”的109道班担负着世界上海拔最高公路的养护任务。《川藏青藏公路建成通车六十五周年》邮票第二图以“天下第一道班”石碑为中心，一旁为唐古拉山口石碑、藏羚羊等图案，配合往来繁忙的车辆，突出了一代代交通人继承老一辈的优良传统，传承弘扬“两路”精神，在世界屋脊上书写奇迹，谱写交通强国新篇章。

青藏公路东起青海西宁，西至西藏拉萨。1954年通车后，一辆辆满载物资的汽车经过青藏公路驶进拉萨。1956年发行的《康藏青藏公路》邮票，“公路图和运输队”右上部展示的为康藏公路和青藏公路线路图，主图一边是皑皑白雪覆盖的高山，一边是深不可测的悬崖山涧，公路蜿蜒，车队行驶其间；“庆祝公路通车”展示军民历经千难万险，终于实现公路通车，欣喜可想而知。这幅图以红色为主基调，恰当地表现了喜庆的气氛。

70多年过去了，为了保证这两条用生命筑成的公路能够正常运营，有无数养路工、筑路工、武警养护官兵在雪域之上，奉献着自己的青春年华。

70多年来，川藏、青藏公路沿线新城因为路而兴，乡村因为路而富。在邮票上我们不仅看到公路的发展，邮票的印制技术也在不断进步。《川藏青藏公路建成通车六十五周年》邮票印制采用胶印局部压凸工艺。首先，通过荧光油墨技术，邮票上的川藏、青藏公路在紫外线下发出红色荧光，以象征“两路”精神的传承。其次，通过浮雕击凸工艺凸显养护工人雕塑和“天下第一道班”石碑，表现养护工人坚韧不屈的精神意志，使邮票图案更具视觉冲击力。

八一大桥

小课堂：

听一听老前辈口述
川藏公路历史

（一）张小康口述

我是1951年在甘孜藏族自治州出生的，可以说我是四川人。我3个月就离开了父母，是在保育院长大的，先在成都，后来到了北京。

北京的保育院就在一个大庙里，就是现在的万寿寺。每个星期六下午对我来说，可能是最难过的时候。因为到周末的时候，大多数孩子就会被接走。我那时大概3岁的样子。孩子们都在门口等着父母来接，这里孩子大声叫爸爸，那里父母也叫着孩子的名字，吵吵闹闹的。那时候我都躲得远远的，不愿意让人看见，也很害怕看到这种场面。我到很大

十八军军长、西藏军区司令员、成都军区第一政委张国华将军之女张小康接受采访

十八军政委、西藏军区政委、成都军区顾问谭冠三将军之子谭戎生接受采访

的时候，见到我父亲，也不敢叫。因为我不习惯叫爸爸叫妈妈。我不像其他孩子生下来学会的第一个词语是爸爸妈妈。叫爸爸叫妈妈是人最正常的一个状态，可是我在那个年龄中几乎没有叫过。我仔细地想过，可能一直到我父亲过世，我都没有大声地叫过他，不像别的孩子一样说：爸爸，我回来啦，爸爸，你怎么这样那样，从来没有。

因为西藏的情况很复杂，父亲回到北京的时间都是很短暂，好像我们见到他的时候永远都在家里谈事，所以我们很懂规矩，见到了就回避开来。

我为什么写《雪域长歌》这本书，原因是我不知道我父母做过什么。他们那个时代的人也不会讲自己做过什么。妈妈2001年过世的时候，嘴里一直喊着我姐姐的名字。这个故事要往回讲，在最早进藏的时候，我姐姐因为爸爸妈妈没时间照顾，再加上当时医疗条件比较差，由于急性肺炎，她3岁多就死了。在我的记忆中，家里是比较忌讳提到我姐姐的名字的，她叫张小难。因为她出生在1947年，那也是共产党比较困难的时候，所以给她起名叫小难。可是让我特别惊讶的是，妈妈在最后的住院阶段，在意识都不是很清楚的时候，嘴里喊着的却是我姐姐的名字，她喊的是：“小难，我的孩子。”我当时真的是觉得好奇怪，怎么会在她最病重的时候，在一会儿清醒一会儿糊涂的时候叫我姐姐的名字。这在我心里留下了一个问号：到底他们经历了什么？在我看来，我姐姐过世已经几十年了，父母好像已经放下了、遗忘了，可是在他们的内心深处，我姐姐从来没有离开过。只是在面对国家、面对他们所要承担的使命面前，他们默默地把女儿放在了心里。

十八军在乐山举行进军西藏誓师大会

张小难在乐山进军西藏誓师大会现场

进军西藏

“铁牛”开山

炮兵连战士在水流湍急的怒江上架设铁索吊桥，保证部队顺利过江

建设中的飞仙关桥工地景象

（二）谭戎生口述

抗日战争胜利后，我父亲谭冠三在冀中纵队当政治部主任。1947年，他参加了党中央在西柏坡召开的土地会议。当时长江以南还是国民党统治区，参加这次会议以后，他就请求到长江以南去开辟根据地，党中央也批准了他这个请求。刘邓大军挺进大别山时部队化整为零，需要干部，我父亲就被留在了中原地区。成立十八军的时候，他又到十八军担任政委，接着渡江后，经过了11个省，最后到了四川。四川解放的时候，确定十八军在川南，比如泸州、自贡这些地方驻扎。当时部队上下是很高兴的，经过那么多年的战争，现在安定下来，以后可以过上安定的生活了。与此同时，毛泽东主席在前往莫斯科的列车上，给党中央发了电文，指出“进军西藏宜早不宜迟”。在这样的情况下，党中央把解放西藏的任务交给了西南局，最终确定了由十八军进军西藏，由张国华为领导核心，成立了西藏工作委员会。

我父亲当时在会上就表示：“如果我在进军的路上牺牲了，你们要把我这把老骨头埋在西藏。”为了完成进军西藏、解放西藏的任务，我父母就把刚刚出生7天的老四送给了河北农村的一个老百姓，我妹妹也被送给了高阳县的一个农民。我和我弟弟则被送到北京的小学，那年我11岁，我弟弟7岁，从此开始住校生活。进军西藏过程中，张国华叔叔因为工作繁忙，他那3岁多的女儿患重病时，他也没有时间去看，最后因为当时医疗条件比较差，他的女儿不幸夭折。军长、政委的表率和标杆作用，再加上一系列的政治工作，全军掀起了一股争当优秀团员、优秀党员的进军西藏热潮，这个写血书，那个表决心，这样就把进军西藏的思想问题解决了。那时候，很多干部作出了牺牲，在他们身上足以看到中国共产党人的党性。

第五章 文化旅游篇

稻城亚丁——央迈勇

一、川藏线——“中国最美景观大道”

中国有两条景观大道，一条是国道318线，一条是国道317线，二者的精华都是川藏线，只不过前者是川藏南线，后者是川藏北线。川藏线隔山不同天，一天有四季，身在地狱、眼在天堂，一步一美景、步步是胜景。精神上天堂，身体下地狱，痛并快乐着，这就是走川藏线给人的最大感觉。全线海拔落差大，沿途分布着众多冰川、草原、峡谷、河流、湖泊、温泉、森林、村寨等原生态自然景观和丰富多彩的人文景观，被誉为“中国最美景观大道”。

国道318线起点是上海黄浦区人民广场，终点是西藏聂拉木县的中

尼友谊桥，从上海到西藏有5 000多千米的国道318线，是中国乃至世界的一条美景高度集中的景观长廊，自然景观类型之齐全多样、异彩纷呈世所罕见；从海平面的长江口到地球之巅的珠穆朗玛峰；从中国地势的第三阶梯到第一阶梯；从盆地到平原、高原；从丘陵到低山、中山、高山、极高山；从淡水湖到咸水湖；从雨林到灌丛、草原、荒漠……优美壮丽同在，幽景旷景并存。这条路还是人文的巡礼和历史的隧道；从余姚河姆渡7 000年前的水

川藏线上第一桥
（杨文苑／摄）

壤塘县门上路

国道318线毛垭坝段

稻到昌都卡若遗址的小米；从良渚文化的玉到三星堆的青铜；从周庄的老屋到丹巴的碉楼；从唐蕃古道到藏彝大走廊……东西汉藏、南北羌彝，无分尊卑、多元一体。可以说除了大海和沙漠，318川藏线几乎经过了中国所有的地貌，而且现在修好了公路，小轿车都可以走，因此成为很多人自驾旅行的首选路线。

最美的风景在318川藏线上，即从成都到拉萨的2 146千米。沿途经过海螺沟、塔公草原、新都桥、稻城亚丁、理塘、姊妹湖、72拐天路、然乌湖、南迦巴瓦峰、雅鲁藏布江等景点。一路都是壮美的风景，草原、湖泊、峡谷、雪山、冰川、河流等地貌连绵不绝。

国道317线起点是四川成都，终点是西藏那曲，起点连接着318川藏线，终点和青藏线汇合，因为也是四川进入西藏的一条公路，因此被

公路养护

甘孜县下雄乡洛戈一村牧民定居点通村公路

小金县“四好农村路”服务标准化种植基地发展

国道318线“天路十八弯”

南迦巴瓦峰（杨文苑／摄）

国道318线羊湖（杨文苑／摄）

稻城亚丁的夏诺多吉山与仙乃日山（杨文苑／摄）

称为“317川藏线”。

相比318川藏线，317川藏线名气小了很多，风景也不如国道318线壮阔秀美，但胜在人文景观非常丰富，民风也比较淳朴，经过的很多地方都会让人的心灵感到震撼。

比如色达，那片半山峡谷中红色海洋一样的房子，看过一次的人绝对无法忘记。

比如亚青寺，一个孤岛中的女儿国，因过于神秘，很多人都没听说过。

比如德格，这里有世界独一无二的印经院，一排排的印版，非常壮观。

比如孜珠寺，一个建在海拔4 700米山顶上的千年古寺，被称为“天空之城”，站在上面一览众山小，颇有俯瞰众生的感觉。即便是今天开车

国道548线色达段

上去都有点费劲，不知千年前的古人是如何在上面盖房子的。

还有赞丹寺，被称为“那曲小布达拉宫”，据说是按照拉萨布达拉宫图纸所建。

317川藏线除了寺院，自然风景也很美，比如四川甘孜县到白玉县的甘白公路，两边是连绵的草原，野花盛开、牛羊成群，路上人少车少，自驾旅行非常舒服。

国道317、国道318线直连大熊猫国家公园、贡嘎山国家风景名胜区，衔接国道213、国道227、国道351线及省道220线等干线公路，串联九寨沟、黄龙、四姑娘山、稻城亚丁等景区景点。

四川交通人围绕“人文和自然相适宜、公路和风景有机相融、旅游和出行合二为一”，积极推进沿线国、省干线建设，打造集“行、游、赏、驻”于一体的国道317、国道318线最美景观大道，建成国道544线新川九路、国道227线理亚路等一系列精品线路。

这样一条大道，路虽人为，景乃天造，展自然之大美，显人文之深奥，完全可以称为——中国最美景观大道。

川藏公路对于今天的我们来说是中国最美的景观大道；对于西藏人民来说是生命线；对于国家来说是一条通向和平的路，通向富裕的路，通向文明的路。我们应该带着敬畏之情感恩那些在川藏公路上壮烈牺牲的英雄，是他们用鲜血和生命建造了雄伟的川藏公路。

国道317线炉霍至甘孜罗锅梁子段

国道227线九道拐段（赵雪枝／摄）

黑水县晴朗乡仁恩塘村通村公路

新路海（杨文苑／摄）

小金县农村公路（雷声／摄）

二、为什么说“南线看风景，北线看人文”

川藏线是中国著名的自驾游线路，连接四川成都和西藏拉萨。川藏线分为南北两线，南线为国道318线，北线为国道317线。人们常说“南线看风景，北线看人文”，这句话大致概括了南北两线的特点和魅力。

国道318线被誉为“中国人的景观大道”，沿途风光秀丽，景色多样。南线的海拔变化较大，从四川盆地的低海拔地区逐渐攀升至青藏高原的高海拔地区，使得沿途的自然景观呈现出丰富的层次感。

在这条线路上，游客可以欣赏到壮丽的雪山、广袤的草原、湍急的

色达（杨文苑/摄）

四姑娘山（杨文苑/摄）

河流、奇特的地貌等多种自然景观。

雪山。南线的高海拔地区，雪山遍布，其中最著名的当数四川境内的四姑娘山。四姑娘山是四川著名的山峰，被誉为“东方阿尔卑斯山”，主峰海拔6 250米。此外，还有位于西藏境内的珠穆朗玛峰、卓奥友峰等著名雪山。这些雪山巍峨壮观，气势磅礴，给游客留下了深刻的印象。

草原。南线的草原风光也非常美丽，如康定的塔公草原、理塘的毛垭草原等。这些草原广袤无垠，绿草如茵，牛羊成群，构成了一幅美丽的田园画卷。在草原上，游客既可以感受到大自然的辽阔与宁静，也可以体验藏族牧民的生活。

河流。南线的河流湍急壮观，如金沙江、怒江等。这些河流穿山越岭，奔腾不息，给沿途的风光增添了生机与活力。在河流边，游客既可以欣赏到瀑布、峡谷等自然景观，也可以进行漂流等水上活动。

地貌。南线的地貌多样，如新都桥的摄影天堂、然乌湖的高原湖泊等。这些地貌形态各异，给游客带来了视觉上的震撼与享受。在新都桥，游客可以欣赏到四季变换的美丽风光；在然乌湖，游客可以感受到高原湖泊的神秘与宁静。

然乌湖（杨文苑／摄）

“南线看风景，北线看人文”，这主要是基于川藏公路南北两线地理环境、历史文化、民族风俗等方面的差异所导致的。南线的旅游线路以自然风光为主，适合欣赏山水美景；而北线的旅游线路以人文景观为主，适合了解历史文化。当然，这并不意味着南线没有人文景观，或者北线没有自然风光。实际上，南北两线都有丰富的旅游资源，只是各有特色而已。因此，游客在选择旅游线路时，可以根据自己的兴趣和需求来选择适合自己的南线或北线。

玛尼堆上的牛角（杨文苑／摄）

金川县农村公路——高半山的观音桥通村路

林拉高速公路（杨文苑/摄）

国道318线毛垭坝段

三、现在就出发——国道318线旅游全攻略

川藏线是四川成都和西藏拉萨之间的历史悠久且重要的交通线路，也是国道318线的重要组成部分。这条公路建于1950年至1954年期间，被誉为“人类开创史的壮举”。川藏线分为南线和北线。南线起点是成都，途经雅安、泸定、康定、新都桥、雅江、理塘、巴塘等地，最终抵达拉萨，全长2 146千米。北线则从成都开始，经过丹巴、道孚、炉霍、甘孜、德格、江达、昌都、丁青、巴青、那曲，最后到达拉萨，全长2 412千米。

国道318线自驾游可按以下行程。

第一天：成都—雅安—康定。从成都出发，沿着成雅高速公路前行，将领略到秀美的山川风光。抵达康定后，可以在市区内住宿，尝试一下当地的藏式美食。

雅康高速公路简介

第二天：康定—新都桥—塔公草原。早餐后，驱车前往新都桥，欣赏迷人的景色和壮观的自然景观。下午前往塔公草原，远眺贡嘎雪山，感受大自然的雄伟壮丽。

新都桥镇，又叫“东俄罗”，是令人神往的“摄影天堂”，地处国道318线南北线分叉路口，是一个如诗如画的世外桃源。神奇的光线、无垠的草原、弯弯的小溪、挺拔的柏杨，山峦连绵起伏，藏寨散落其间，牛羊安详地吃草……川西的平原风光美丽地绽放。

第三天：塔公草原—雅江—理塘。离开塔公草原，驱车前往雅江。在雅江品尝当地特色美食并住宿。次日，前往理塘，游览“天空之城”的美丽风光。

理塘系藏语的音译，“理”意为“铜”，“塘”为“坝子”，即广阔坝子犹如铜镜。理塘隶属甘孜藏族自治州，位于四川省西部、甘孜藏族自治州西南部，距州府康定285千米，距四川省省会成都654千米，地处东经99°19′~100°56′，北纬28°57′~30°43′。

第四天：理塘—芒康—左贡。早餐后，驱车前往芒康。沿途将翻越海螺沟和二郎山，欣赏到不同寻常的自然风光。下午抵达左贡，了解藏族文化。

芒康县位于西藏自治区东南部，昌都市的最东部，地处四川、云南、西藏三省区交会处。位于东经98°00′~99°05′，北纬28°37′~30°20′。东与四川省巴塘县相邻，南与云南省德钦县毗邻，西与左贡县接壤，北与贡觉、察雅县相接。芒康的藏语意为“善妙地域”。

第五天：左贡—八宿。从左贡出发，驱车前往八宿。在这里，你可

甘孜县色西底乡亚底活动点通寺通畅工程

理塘风光

以游览然乌湖，欣赏湖光山色。晚上在八宿县住宿。

然乌湖是由山体滑坡或泥石流堵塞河道而形成的堰塞湖，位于八宿县境内西南角、距离县城白马镇约90千米的然乌乡。在地质运动活跃的藏东南一带有很多因为这种原因而形成的堰塞湖。然乌湖因为紧靠川藏公路而为许多走川藏线旅行的旅行者所熟知。

第六天：八宿—波密—林芝。早餐后，驱车前往波密，沿途将领略到极致的自然风光。抵达波密后，前往林芝游览南迦巴瓦峰，感受雪山的雄伟壮观。晚上在林芝市住宿。

第七天：林芝—拉萨。早餐后，从林芝出发，驱车前往拉萨。抵达

芒康风光

林芝风光

芒康盐井（杨文苑／摄）

拉萨后，你可以参观布达拉宫、大昭寺、罗布林卡等著名景点，感受藏族文化的独特魅力。晚上在拉萨市住宿。

林芝是西藏自治区的一个地级市，古称“工布”，“林芝”是由藏语“尼池”或“娘池”音译而来，意为“娘氏家庭的宝座或太阳的宝座”；位于雅鲁藏布江中下游，其西部和西南部分别与拉萨市、山南市相连，东部和北部分别与昌都市、那曲市相连，南部与印度、缅甸两国接壤，被称为“西藏的江南”，有世界上最深的峡谷——雅鲁藏布江大峡谷。

第八天：拉萨—羊卓雍措—拉萨。早餐后，驱车前往羊卓雍措，沿途将欣赏到美丽的湖泊风光。下午返回拉萨市，游览八廓街，品尝当地特色小吃。

羊卓雍措，简称“羊湖”，藏语意为“碧玉湖”，其外形像珊瑚枝一样，因此它在藏语中又被称为“上面的珊瑚湖”。位于山南市的浪卡子县，在拉萨西南约70千米处，与纳木措、玛旁雍措并称“西藏三大圣湖”，是喜马拉雅山北麓最大的内陆湖泊，湖光山色之美，冠绝藏南。羊卓雍措面积675平方千米，湖面海拔4 441米。从拉萨到羊卓雍措需要翻越5 030米的岗巴拉山口。

第九天：拉萨—成都。在拉萨市内自由活动，可购买当地特色纪念品。下午搭乘飞机返回成都，结束这段美妙的国道318线自驾游之旅。

拉萨是西藏自治区的首府，西藏的政治、经济、文化和宗教中心。拉萨位于青藏高原的中部、喜马拉雅山脉北侧，海拔3 650米，地处雅鲁藏布江支流拉萨河中游河谷平原，拉萨河流经此，在南郊注入雅鲁藏布江。

拉萨全年多晴朗天气，降雨稀少，冬无严寒，夏无酷暑，气候宜人。全年日照时间在3 000小时以上，素有“日光城”的美誉。拉萨境内蕴藏着丰富的资源，相对于西藏自治区其他地市，具有较明显的资源优势。

作为首批中国历史文化名城，拉萨以风光秀丽、历史悠久、风俗民情独特、宗教色彩浓厚而闻名于世，先后获中国优秀旅游城市、欧洲游客最喜爱的旅游城市、全国文明城市、中国特色魅力城市、中国最具安全感城市等荣誉称号。

四、发现你身边的变化：川藏公路对社会经济的影响

川藏公路被藏族群众誉为“幸福的金桥”，它的建成通车，密切了祖国内地与西藏的联系，加强了汉藏民族以及四川、西藏之间的联系，对促进沿路地区经济文化发展和社会进步，有着十分重要的作用。

（一）促进区域经济发展

川藏公路的建设，使得四川、西藏两地的经济联系更加紧密。过去，由于地理环境的限制，这两个地区的经济交流相对较少，交通不便成为制约经济发展的重要因素。川藏公路的建成，打破了这一瓶颈，为两地的经济交流提供了便利条件。

首先，川藏公路的开通，使得四川的农产品、工业产品能够顺利地运输到西藏，满足当地居民的生活需求。同时，西藏的矿产资源、特色农产品等也能够通过这条公路运往四川，实现资源的优化配置。这种经济互补性，有利于提高两地的经济效益，促进区域经济的繁荣发展。

其次，川藏公路的建设，带动了沿线地区的基础设施建设。为了保障公路的畅通，政府投入大量资金修建了桥梁、隧道、涵洞等设施。这些基础设施的建设，不仅提高了公路的通行能力，还为沿线地区的经济发展创造了良好的条件。

此外，川藏公路的建设，还促进了旅游业的发展。西藏拥有丰富的旅游资源，如布达拉宫、大昭寺、珠穆朗玛峰等著名景点。然而，由于

交通不便，过去许多游客无法前往西藏旅游。川藏公路的建成，使得越来越多的游客能够方便地前往西藏，推动了旅游业的快速发展。

（二）改善民生

川藏公路的建设，对沿线地区的民生产生了积极的影响。

首先，川藏公路的开通，使得沿线地区的居民出行更加便利。过去，由于交通不便，沿线地区的居民出行困难，许多人需要花费很长时间才能到达目的地。川藏公路的建成，大大缩短了出行时间，提高了居民的生活质量。

其次，川藏公路的建设，为沿线地区的教育、医疗等公共服务提供了便利条件。过去，由于交通不便，沿线地区的学校、医院等公共服务设施建设滞后。川藏公路的开通，使得这些设施能够更好地服务于沿线地区的居民，提高了民生水平。

此外，川藏公路的建设，还为沿线地区的扶贫工作提供了有力支持。过去，由于交通不便，沿线地区的贫困问题严重。川藏公路的建成，使得贫困地区的农产品能够顺利地运输到市场销售，提高了农民的收入水平。同时，川藏公路的开通，还为贫困地区的劳动力提供了更多的就业机会，有力地推动了扶贫工作的开展。

（三）促进民族团结

川藏公路的建设，对沿线地区的民族团结产生了积极的影响。

首先，川藏公路的开通，使得沿线地区各民族之间的交流更加便利。过去，由于地理环境的限制，各民族之间的交流相对较少。川藏公路的建成，打破了这一障碍，为各民族的交流提供了便利条件。

会东县农村公路（李云雪/摄）

其次，川藏公路的建设，有助于各民族文化的传播和交流。沿线地区拥有丰富的民族文化资源，如藏族的唐卡、舞蹈、音乐等。川藏公路的开通，使得这些文化资源能够更好地传播和交流，促进了民族文化的繁荣发展。

此外，川藏公路的建设，还有助于维护民族团结和稳定。过去，由于交通不便，沿线地区的民族矛盾较为突出。川藏公路的建成，使得各民族之间的联系更加紧密，有利于化解民族矛盾，维护民族团结和稳定。

（四）推动科技进步

川藏公路的建设，对沿线地区的科技进步产生了积极的影响。

首先，在川藏公路的建设和运营过程中，涉及许多先进的技术和设备。例如，为了保障公路的畅通，需要采用先进的地质勘探技术、桥梁设计技术等。这些技术的应用和推广，有助于提高沿线地区的科技水平。

其次，川藏公路的建设，为沿线地区的科研机构提供了实践平台。许多科研机构可以借助这条公路进行地质、气候、生态等方面的研究，推动科学技术的发展。

此外，川藏公路的建设，还为沿线地区的人才培养提供了机会。许多高校和科研院所可以借助这条公路开展实习、实践等活动，培养一批具有实践经验的科技人才。

九红草原风光路

国道318线折多山路段

汶马高速公路（游向平／摄）

林芝风光（杨文苑／摄）

金川县——公路带来丰收的喜悦

川藏公路沿线泸定县冷碛镇团结村村民在重楼种植大棚劳作

康定市农村公路

金川县农村公路

小金县美兴镇大坝村通村公路

金川县农村入户路

走一走川藏公路沿线的著名景点

（一）国道317线的著名景点

1.理县：毕棚沟风景区

毕棚沟风景区东连卧龙自然保护区，南接四姑娘山风景区；与卧龙、四姑娘山共同构成“大熊猫走廊世界遗产地”。景区拥有自然景点82个，如同璀璨的珍珠镶嵌在毕棚沟的6个风景区内。毕棚沟风景区是一个集原生态景观博览、登山穿越、极地探险、滑雪滑冰、休闲度假于一体的大型原生态旅游风景区。

毕棚沟风景区
（杨文苑／摄）

2.马尔康市：卓克基土司官寨

地处梭磨河与西索河交汇处高地上的卓克基土司官寨，既是土司办公的衙署，也是土司及其家眷生活的地方。

卓克基土司始封于元朝至元二十三年（1286年），至1951年第16代卓克基土司索观瀛在辖区内主动废除土司制度为止，前后共延续665年，繁衍17代。其中，清乾隆十五年（1750年），因随征大小金川战役有功，第9代卓克基土司嘉嘎尔布目被清廷赐封五品长官司，这是卓克基在土司历史上的最高职位。

3.德格县：德格印经院

德格印经院素有“藏文化大百科全书”“藏族所在地璀璨的文化明珠”“雪山下的宝库”的盛名。它的全名为“西藏文化宝藏德格印经院大法库吉祥多门”，又称“德格吉祥聚慧院”。始建于清雍正七年（1729年），总占地面积约5 000平方米，建筑占地面积近3 000平方米，总建筑面积9 000余平方米，坐落在德格县城（更庆镇）文化街，1996年被国务院列为全国重点文物保护单位。自创建以来，已有290多年的历史，院藏各类典籍830余部，木刻印版29万余块，文字字数达5亿字，这在当今世界上是绝无仅有的。

4.丁青县：孜珠寺

孜珠寺位于丁青县觉恩乡境内的孜珠山上，距离县城约37千米，据说孜珠寺的历史最早可追溯到两三千年以前。孜珠寺是本教著名高僧罗邓宁波·仁增康珠于14世纪中期再度兴建和恢复的。“孜珠”的藏语意为“六座山峰”。这里异峰突起，挺拔险峻，怪石嶙峋，禅洞叠叠。

孜珠寺（杨文苑／摄）

5.当雄县：纳木措

纳木措是中国第三大咸水湖，世界上海拔最高的咸水湖，朝圣者心目中的圣地。从古至今香客不断，湖中五个岛屿被称为“五方佛的化身”，被善男信女视为必去的神圣之地。每到藏历羊年，诸佛、菩萨、护法神会在纳木措设坛大兴法会，信徒会前往纳木措转湖。

（二）国道318线的著名景点

1.泸定县：泸定桥

泸定桥位于四川省西部的大渡河上，1961年被国务院列为第一批全国重点文物保护单位。泸定桥两岸的桥头古堡为木结构古建筑，为中国独有。时至今日，泸定桥依然以其独特的风景，以及特殊的历史价值，而得到人们的重视。

泸定桥

2.康定市：新都桥

新都桥海拔约3 300米，并没有突出的标志性景观，但沿线10余千米被称为“摄影天堂”。地处国道318南北线分叉路口，山峦连绵起伏，藏寨散落其间，川西的平原风光美不胜收。

3.理塘县：长青春科尔寺

长青春科尔寺，又称“理塘寺”，明万历八年（1580年）建成，历史悠久，规模恢弘。寺内可看到古老的佛经、班禅的坐床等稀世珍宝。每年藏历六月转山节期间，寺庙将举办盛大的庆祝活动，热闹非凡。

4. 巴塘县：措普沟国家森林公园

措普沟国家森林公园位于巴塘县境内，东起毛垭坝与理塘接壤，西至海拔4 860米的亚素高山，南从列衣、沙溪乡至扎金甲博神山与白玉相邻，方圆约900平方千米。措普沟景区由雪山、湖泊、森林、河流、峡谷、瀑布、温泉、草原、野生动物和寺院等人文景观组成。

5. 八宿县：然乌湖

然乌湖在藏语中意思是“山羊奶一样的湖”，是雅鲁藏布江支流帕隆藏布江的主要源头。然乌湖边是绿草茵茵的草场和绿油油的庄稼，湖边山腰上则是莽莽的森林，再往上是五颜六色的杜鹃花和灌木丛林带，山顶是终年不化、重叠起伏的雪山。以然乌乡为界，往波密方向是安目措，也叫下然乌，往察隅方向叫然乌湖，或者叫上然乌。

6. 八宿县：来古冰川

来古冰川是一组冰川的统称，紧邻然乌湖，是帕隆藏布江的源头，冰雪融水流进然乌湖。该冰川群中以亚隆冰川最为壮观。亚隆冰川长12千米，从岗日嘎布山海拔6 606米的主峰延伸至海拔4 000米的岗日嘎布湖。

7. 波密县：米堆冰川

米堆冰川是西藏最重要的海洋型冰川，也是世界上海拔最低的冰川，被《中国国家地理》评为中国最美的六大冰川之一。米堆冰川主峰海拔约6 800米，雪线海拔大约4 600米，末端海拔约为2 400米，冰川下段穿行于针阔叶混交林带，两侧大山巍峨峻峭，鬼斧神工，雪山和云雾交织在一起，如梦似幻，使人惊叹不已。

来古冰川（杨文苑/摄）

8.林芝市：鲁朗镇

鲁朗镇海拔3 700米，坐落在深山老林之中，是典型的高原山地草甸狭长地带，长约15千米，平均宽约1千米。两侧青山由低往高分别由灌木丛和茂密的云杉和松树组成“鲁朗林海”；中间是整齐划一的草甸，犹如人工整治一般；草甸中，溪流蜿蜒，泉水潺潺，草坪上报春花、紫苑花、草梅花等成千上万种野花怒放盛开，颇具林区特色的木篱笆、木板屋、木头桥及农牧民的村寨星罗棋布、错落有致，构成了一幅恬静、优美的“山居图”。

鲁朗镇（杨文苑／摄）

巴松措（杨文苑／摄）

9.林芝市：巴松措

巴松措在藏语里意为“绿色的水”。每年藏历四月十五，也就是6月1日前后，有许多当地人前来转湖。在巴松措湖心处有一座扎西岛，可乘观光游艇前往。岛上的措宗贡巴寺，是西藏有名的寺庙，建于唐代末年。

（三）拉萨市的著名景点

1.布达拉宫

布达拉宫是世界上海拔最高、最雄伟的宫殿，是拉萨乃至西藏最重要的象征。“布达拉”是梵语，又译作“普陀”，原指观音菩萨之居所，布达拉宫是藏传佛教的圣地，主要由红宫和白宫组成，中间最高的红宫

布达拉宫（杨文苑／摄）

大昭寺街景（杨文苑/摄）

是举行宗教仪式的重要场所，收藏有佛塔、塑像、壁画、唐卡、经文典籍。

2. 大昭寺

大昭寺是当年松赞干布为纪念文成公主入藏而建，藏语意为“佛殿”。大昭寺之神圣，并不逊于布达拉宫，人们常说“先有大昭寺，后有拉萨城”。大昭寺最大的看点是当年文成公主入蕃时带来的释迦牟尼十二岁等身像。拉萨之所以被称为“圣地”，就与这座佛像有关。

3. 罗布林卡

罗布林卡有“拉萨的颐和园”之称。园林很有特色，既有藏族文化的影子，又吸收了内地园林的传统手法。内部有一个新宫，可以说看了新宫，就犹如浏览了全藏建筑物。园内植物多达百种，其中不乏藏式绣球等名贵花卉，被称为“高原植物园”。

主要参考文献

[1]习近平.习近平就川藏青藏公路建成通车60周年作出重要批示[N].人民日报,2014-08-07(1).

[2]李琪.川藏、青藏“两路”精神当代价值研究[D].重庆：重庆交通大学,2017.

[3]罗婷.“两路”精神融入交通院校大学生思想政治教育研究[D].重庆：重庆交通大学,2018.

[4]尚婷，唐伯明.世界屋脊筑天路，重庆交大奠基人——缅怀川藏公路政委穰明德[J].重庆交通大学学报(自然科学版),2016,(11):86-92.

[5]张晓平，袁鸣捷.“两路”精神融入交通类院校育人模式研究[J].重庆交通大学学报(社会科学版),2021,21(2):8-15.

[6]王琦.让各民族手足相亲守望相助——以习近平同志为核心的党中央关心少数民族和民族工作纪实[J].中国土族,2019,(4):8-13.

[7]刘建廷.新时代“两路”精神融入思政教育路径探索[J].现代职业教育,2019,(31):92-93.

图书在版编目（CIP）数据

图说川藏公路 / 四川交通职业技术学院川藏公路博物馆编著. -- 成都：四川科学技术出版社, 2025. 7.
ISBN 978-7-5727-1922-6
Ⅰ. U412.36-64
中国国家版本馆CIP数据核字第2025ET4308号

图说川藏公路

TUSHUO CHUANZANG GONGLU

编　　著　四川交通职业技术学院川藏公路博物馆

出 品 人　程佳月
策划编辑　谢　伟
责任编辑　周美池　谌媛媛
责任出版　欧晓春
出版发行　四川科学技术出版社
成都市锦江区三色路238号　邮政编码：610023
官方微信公众号：sckjcbs
传真：028-86361756
成品尺寸　185mm×260mm
印　　张　13.5
字　　数　270千
印　　刷　四川川林印刷有限公司
版　　次　2025年7月第1版
印　　次　2025年8月第1次印刷
定　　价　128.00元

ISBN 978-7-5727-1922-6

邮　　购：成都市锦江区三色路238号新华之星A座25层　邮政编码：610023
电　　话：028-86361770

图说川藏公路

四川交通职业技术学院川藏公路博物馆　编著

四川科学技术出版社